高等职业教育“十四五”规划教材

U0965058

职业礼仪教程

沈 颖 高文红 刘俊提 主编

中国农业大学出版社
·北京·

内容简介

全书共分为8个项目共30个任务，包括职业礼仪认知、职业素养认知、公共礼仪认知与实践、公务礼仪认知与实践、商务礼仪认知与实践、服务礼仪认知与实践、其他职业礼仪认知与实践、涉外礼仪认知与实践。本教材以学生发展为本，按照学生高职阶段的生活、求职与事业的内在关系设计了不同的学习实践情景，将知礼、懂礼、恰当用礼与学习、求职、工作等知识有机整合，选用适应职业院校学生综合素质提高和职业特点的礼仪项目。本书既可以作为高等职业教育院校各专业学生的通识类教材，也可以作为相关行业人员的培训教材和参考资料。

图书在版编目(CIP)数据

职业礼仪教程 / 沈颖，高文红，刘俊提主编. -- 北京：中国农业大学出版社，2022.9
ISBN 978-7-5655-2848-4

Ⅰ.①职… Ⅱ.①沈…②高…③刘… Ⅲ.①礼仪-高等职业教育-教材 Ⅳ.①K891.26

中国版本图书馆CIP数据核字(2022)第138509号

书　名　职业礼仪教程
作　者　沈　颖　高文红　刘俊提　主编

策　　划	张　玉	**责任编辑**	张　玉
封面设计	郑　川		
出版发行	中国农业大学出版社		
社　　址	北京市海淀区圆明园西路2号	**邮政编码**	100193
电　　话	发行部 010-62733489，1190		编辑部 010-62732617，2618
	出版部 010-62733440		读者服务部 010-62732336
网　　址	http://www.caupress.cn	**E-mail**	cbsszs@cau.edu.cn
经　　销	新华书店		
印　　刷	涿州市星河印刷有限公司		
版　　次	2022年9月第1版　　2022年9月第1次印刷		
规　　格	185 mm×260 mm　　16开本　　11.25印张　　280千字		
定　　价	39.00元		

图书如有质量问题本社发行部负责调换

编写委员会

主 任 委 员：李鹏丽　邯郸科技职业学院院长

副主任委员：王振鹏　邯郸科技职业学院副院长

于保国　邯郸科技职业学院党委委员

封国俐　冀南技师学院副院长

王会民　邯郸科技职业学院党委委员

委　　　员：曹志国　邯郸科技职业学院正高级讲师

张　杰　邯郸科技职业学院正高级讲师

郝耀飞　邯郸职业技术学院高级讲师

孔海珍　邯郸科技职业学院高级讲师

薛　刚　邯郸科技职业学院高级讲师

王彦勇　邯郸科技职业学院高级讲师

华梅志　邯郸科技职业学院高级经济师

李　裕　邯郸科技职业学院高级讲师

刘俊提　邯郸科技职业学院高级讲师

武向梅　邯郸科技职业学院高级讲师

本书编委会

主　编：沈　颖　高文红　刘俊提

副主编：封国俐　郝耀飞　王军方　张　杰

参　编：邢美娟　烟玉华　闫　冬　王馨悦　张晓静
　　　　马　良　白　鹃　田海霞　徐　璐

主　审：王振鹏

编写说明

礼仪是职场中最强大的软实力，是职业人不可或缺的基本素养。对职业院校的学生而言，职业生涯不仅仅要掌握相关专业知识和职业技能，同时要具备一定的职业礼仪知识，学会用恰当的方式与人沟通和交流。可以说职业礼仪是现代职场竞争和事业成功必备的"核心竞争力"。在新《职业教育法》颁布实施的背景下，培养学生的职业礼仪素质要坚持立德树人、德技并修、面向实践、强化能力的原则，帮助学生提升职业能力，树立良好的职业形象，实现自身价值，更好地服务社会。

本书紧紧围绕职场活动，从职业的角度讲述了礼仪的基本要求，职业素养与礼仪的关系，重点介绍了进行公务活动、商务活动、服务活动时最基本的礼仪规范，同时考虑到职业差异，增加了行业礼仪的拓展内容。

本书结合职业院校学生的实际情况和当前市场经济发展对从业者的职业素养需求，以"注重基础理论，强化实践实训，创新能力培养"为原则，以必要的、适用的理论知识为基础，结合典型的职业礼仪案例和评析以及情景模拟训练、教学互动，以点带面，触类旁通，以全面、系统、具体的实践能力为培养目标，从而提升学生的综合素质和职业能力。

全书共 8 个项目，项目一、项目二为基础模块，项目三、项目四、项目五、项目六为实践模块，项目七、项目八为拓展模块，每个项目又分若干个任务，共计 30 个任务。每个任务结构都具有完整性和相对独立性。本书是集知识性与实用性为一体，穿插了趣味性小知识、小案例等数字媒体资源的充满"活力"的可读、可教、可学的教材。

本书由沈颖、高文红、刘俊提任主编，封国俐、郝耀飞、王军方、张杰任副主编，邢美娟、烟玉华、闫冬、王馨悦、张晓静、马良、白鹃 、田海霞、徐璐参编，全书由沈颖、王军方、张杰负责统稿，王振鹏主审。本书既可以作为高等职业院校各专业学生的通识类教材，也可以作为相关行业人员的培训教材和参考资料。由于编者学识有限，对职业院校职业礼仪教学的把握和研究还远远不够，书中疏漏之处在所难免，恳请广大读者批评指正。

编　者

2022 年 5 月 8 日

目录 Contents

项目一

职业礼仪认知

学习目标

1. 理解礼仪、职业的概念、特点和作用。
2. 掌握职业礼仪的内涵、原则与类型。
3. 了解礼仪的形成和发展。
4. 了解华夏优秀传统礼仪。

任务描述

本项目分为礼仪认知、职业礼仪认知、传统礼仪与现代礼仪3个任务。学生通过本项目的学习，认识礼仪与职业的关系，总结常见职业礼仪的特点；培养查阅资料、观察分析、调查研究、善于总结和沟通协作等职业素质。

内容结构

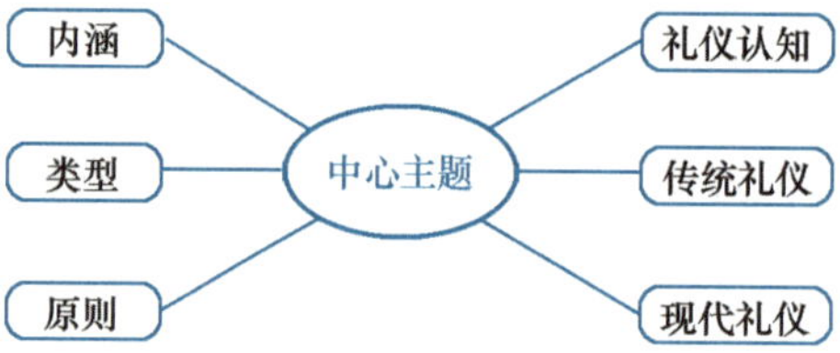

成语话礼

曾子避席

曾子避席成语出自《孝经》：仲尼居，曾子侍。子曰："先王有至德要道，以顺天下。民用和睦，上下无怨。汝知之乎?"曾子避席曰："参不敏，何足以知之?"

在这里，曾子见老师要他回答问题，赶紧起身走到席子外，表现了他践行礼法的坚定意志，还向世人传递出尊师重道的要义。后来，这个故事被广为传诵，曾子成为世人学习的楷模。

任务一　礼仪认知

学习准备

1. 观看电视剧《康熙王朝》，查找有关我国古代传统礼仪的知识。
2. 观看金正昆讲礼仪的视频，了解现代礼仪。

理论认知

一、礼仪的含义

礼仪包括“礼”与“仪”，新华字典对“礼”字的释义为在社会生活中，因道德观与风俗习惯而形成的行为准则；也表示对人与物的一种尊敬的态度或行为。而对“仪”的释义主要是人的外表与举止。礼仪一般惯用的形式包括礼节和仪式，是人们在长期的生活与社交中自然约定俗成的一种行为规范，是维持人类社会正常工作生活所需共同遵守的基本道德规范，是对己、对人、对物及对大自然的敬畏和尊重的思想意识和行为规范。

因此，礼仪的内涵非常丰富，基本上包括以下内容。

第一，礼仪是一种形式和行为道德规范。人类与周围环境相处时，对待一切都应表示尊重、敬畏之意，这是最基本的道德规范。

第二，礼仪是一种约定俗成的处世准则。人们在社会交往活动中，首先要遵守一些不成文的地方风俗、习惯，在大家公认的基础上，逐渐形成可用语言、文字、动作进行准确描述和规定的行为准则，在生活与社交中做到有章可循、自觉遵守行为规范。如餐桌礼仪、婚庆礼仪、会议礼仪等。

第三，礼仪是一种表达尊敬的情感互动。礼仪的本质出于对人、事、物的一种尊敬之意。在礼仪的应用中，是施礼者和受礼者彼此尊重、互相尊敬、情感交流的过程。

二、礼仪的组成要素

(一)按照礼仪的构成来分

礼仪主要由四个基本要素组成，即主体、客体、媒体、环境等。

(1)礼仪的主体　是指在礼仪活动中的主动方，即施礼者，包括操作者、实施者及所代表的人及组织方，因此礼仪的主体可以是个体或个人，也可以是团体或组织。

(2)礼仪的客体　是指在礼仪活动中施礼的指向对象，即受礼者，包括具象化的人、事、物，也包括抽象的、精神层面的东西；不仅是个体的人，也可以是集体的组织等。

(3)礼仪的媒体　是指在礼仪实施过程中所借助的媒介。这种媒介可以是人、礼品、事体，等等。在实际的社交礼仪中，会出现不同媒体的相互配合，达到礼仪的实施效果。

(4)礼仪的环境　是指实施礼仪活动具体要求的时间、空间、人物等的相应条件。比如现场的气氛、人的态度、天气情况、温度、湿度、环境装饰的色彩、物品摆设、光线的明暗以及音响的好坏等因素。

(二)按照礼仪的内容表现形式来分

礼仪的内容可包括礼节、礼貌、仪态和仪式。

(1)礼节　是指人和人交往的礼仪规矩。礼节包括行为和语言的形式，如握手、鞠躬、磕头等是动作的形式，问候、感谢等是语言的形式。

(2)礼貌　是指人们在正常的生活交往中，为维持正常的社会关系所必须遵守的最基本的道德规范。礼貌包括基本的称呼、微笑、站立等道德规范，是在长期的生活、工作及交往中逐渐形成的。

(3)仪态　是指人在社交活动中所呈现出的外在表现。仪态包括容颜、服装、配饰、姿态等。

(4)仪式　是指在特定场合举行的、具有专门程序化、规范化要求的活动，如升旗仪式、国庆庆典、颁奖仪式等。

三、礼仪的特征

(一)规范性

礼仪的规范性是指对人们在社会交往中的言行举止所提出的能够普遍遵循的行为准则要求。比如仪表得体、举止有礼、谈吐文明等。

(二)继承性

礼仪的继承性是指人们交际活动中的道德行为规范准则，是随着礼仪文化的发展本着“取其精华，去其糟粕”的态度不断发展形成的。

(三)差异性

礼仪的差异性是指由于不同的国家、民族、地域、文化等存在着一定的差异性，从而产生了不同的礼仪文化。民间俗语所说“十里不同风，百里不同俗”就属于典型的礼仪文化的差异性。

(四)社会性

礼仪的社会性是指礼仪存在于人与人交往的各项活动中，遍及社会各个领域，并且深植于社会关系之中，贯穿于整个人类的始终。

(五)时代性

礼仪的时代性是指随着社会的发展、时代的进步，礼仪文化也呈现出不同的变化。例如，我国封建时代女性的道德规范是“三从四德”，到了社会主义时代，我们说“妇女能顶半边天”“男女平等”，可见礼仪文化随着社会的进步而不断更新，这反映了礼仪的时代性。

四、礼仪的原则

(一)互敬的原则

古人云：“敬人者，人恒敬之。”就是说要学会尊重他人，尊重自己。有一家电影院在年末离退休人员茶话会上为离退休人员专门制作了特殊礼物——他们在职时的生活纪录片。对于影院工作人员来讲，从幕后走上银幕，坐在自己工作的剧院里，看自己的“电影”，他们备受感动，感受到单位对自己辛勤工作的一份敬意。

(二)自律的原则

自律是指在交往过程中要严格要求自己遵守礼仪规范,自觉、克己、履责。“人民的好总理”周恩来,一生严于律己、不搞特殊,勤奋工作,为人民服务。1958年的一天,周总理率领中央和国家机关各部门领导干部到北京十三陵水库工地参加劳动,有人建议给他带一名随身医生,周总理拒绝了。他说,到工地我不能搞特殊,有病应该和大家一样,请工地的医生看就是了。一到工地周总理就嘱咐随身的警卫,“一切都要按这里的规矩办事,一点儿也不能特殊。”工地指挥部的同志在分配劳动任务时说,“我们欢迎首长……”话还没有说完,周总理就纠正说:“这里没有首长。在这里大家都是普通劳动者。”在工地劳动的一个多星期里,周总理严于律己,按照工地要求工作、生活,按时上下工,从不迟到、早退,与大家同吃、同干,始终把自己当作普通劳动者,当作人民公仆。

(三)适度的原则

适度就是把握分寸。由于礼仪有对应性,礼仪是有所为有所不为的,应用礼仪时要注意把握分寸,适度得体。子曰:“礼之用,和为贵。”此处的“和”即适度的意思。例如,在我国古代与人行礼时要区分身份,对身份高、辈分高之人应主动行礼、多施礼、施重礼;而对身份低、平辈,一般施礼就可以。古人有“天地君亲师”,这是施重礼的对象,也是给他们本身的身份定了顺序。

(四)真诚的原则

在礼仪的实际应用中,一定要做到与人“真诚”相交,表现为诚实守信、以诚待人、表里如一、言行一致;忌出现逢场作戏、虚伪做作、过于夸张等行为现象。

五、礼仪的作用

(一)对个人的作用

1. 提高自身修养

礼仪是社交中用来衡量一个人文明程度的标尺。它不仅反映的是一个人的社交能力与水平,同时也体现了一个人的道德品质、修养素质、知识阅历、气度风范以及良好的精神素养等。

2. 完善个人形象

社交中的礼仪直接关系到个人形象。它包括仪容、仪表、举止、谈吐、教养等自身素养的呈现,在礼仪上都有具体的规范要求。

(二)对社会的作用

1. 弘扬礼仪传统

礼仪是各民族在几千年来的发展中,通过勤奋的劳动和智慧的积累而形成的具有民族特色的习俗、规章、典制、礼节、礼仪等，它凝聚了各族人民的智慧，维持着民族的生产与发展。我国沿袭至今的许多传统的礼仪、习俗，都是对我国传统美德和优良品质的弘扬与继承。

2. 促进社会文明发展

对一个社会来讲，礼仪是一个国家的文化与民主的体现，是一个社会文明程度的反映，是整个民族的道德风尚和生活习惯的表现。

学习实践

情　景

在本项目“成语话礼”中讲到的“曾子避席”是我国著名的礼仪文明典故。故事翻译成现代文如下：孔子的一个弟子曾子，侍坐在孔子的身边，孔子问曾子：“以前的圣贤之王都有着高尚的品德，精奥的理论，治理天下、教诲子民，天下之人和睦、君臣之间和谐，你知道为什么吗？”曾子随即起身，离开席座，恭敬地站在席子外面答道：“我不够智慧，怎知其中的道理，还请老师赐教。”

实践要求：1. 模拟“曾子避席”的情景。
2. 体会“曾子避席”的礼仪道理。

思考练习

1. 名词解释

礼仪　　礼节　　礼貌

2. 填空题

(1) 礼仪按照其构成由主体、________、________和________等四项基本要素组成。

(2) 按照礼仪的内容表现形式分：礼节、________、________和________。

3. 简答题

(1) 礼仪的特征主要有哪几个方面？

(2) 礼仪的基本原则主要有哪几个方面？

(3) 礼仪的作用、意义有哪些？

任务二　职业礼仪认知

学习准备

1. 观看电视剧《孔子》——孔丘请教老子关于礼的片段。
2. 寻找生活中典型职业的礼仪。

理论认知

一、职业礼仪的内涵

职业礼仪是指职场上应遵循的礼仪规范，是某一职业在长期发展过程中形成的一种约定成规的职业行为规范；它涉及着装、沟通、交际、情商等内容。

二、职业礼仪的类型

(一)行为礼仪

一般行为礼仪包括：微笑、站姿、行姿、坐姿、蹲姿、请姿，等等。

(二)仪表礼仪

仪表：面容要干净，发型要整齐，着装要端庄。

姿态：需头部端正，两肩端平，挺胸收腹。

神态：不傲，不急，不暴，文雅。

颜色：宜柔和、宜净色、宜端庄。

(1)男士　整洁的短发；饱满的精神；微笑的面容；上衣着白色或单色的衬衫，领口、袖口保持干净无污渍；外着西装平整干净，内系领带端庄美观；切忌西装口袋放有物品。

(2)女士　职业女性发型一般要求头发整洁、宜短、发丝勿遮挡视线；面含微笑、神情干练；着装一定要适合身份，素雅端庄；其色彩宜少，图案宜简；配饰要精而简，手提包要大小得当，款式大方；应当化淡妆，即“淡妆上岗”。

(三)动作礼仪

一般动作礼仪包括：介绍礼仪、握手礼仪、迎送礼仪、名片礼仪、电话礼仪等。

(四)礼宾次序

同行礼宾次序：二人同行时，前后行走，在前面的为尊者；并排行走，在右面的为尊者。若三人并行时，以中央位置为尊者，其次是右边，再次是左边。而男女同行进出门口时，本着女士优先的原则。如进出电梯门时，是女士先进后出的顺序；男女行走在大街上时，应照顾女士走在比较安全的一侧。

四、职业礼仪的原则

(一)真诚尊重

孔子说：“礼者，敬人也。”意思是说有礼仪素养的人，首先就是会尊重他人，这句话高度概括了礼仪的思想。由此可知，真诚尊重是社交礼仪中的首要原则。真诚待人方能表达对人的尊敬与友好，构建和谐良好的人际关系。

（二）平等适度

平等待人是人际交往中感情沟通与建立的基础，是职业礼仪的重要原则；平等在实际应用时要注意适度性，为了建立良好的社交关系，需要掌握礼仪应用的规范、技巧与分寸，这体现出了社交的“度”，适度的交往给人以认真、得体、愉快的感觉。

（三）诚信宽容

诚信是为人处世的品德。孔子说：“民无信不立，与朋友交，言而有信。”这句话强调的正是诚信的原则。在社交场合，要做到言行一致、守约重诺，即古人所说的“言必信，行必果”。宽容代表了一个人的胸怀、气度，社交中要做到宽以待人，严于律己；学会换位思考，理解对方。这实质上也是对他人的一种尊重。

（四）修身自律

礼仪规范既是一种行为准则，更是一种道德信念，对己、对他人以及社会都起着一定的约束作用。修身自律能够提高社交能力、提升自身素养，也是社交中人格魅力的体现，更是社会文明进步的标志。

学习实践

情　景

小王和小李（女）作为阳光集团公关部的接待人员，到机场迎接A省某公司考察团来访。小王身着破洞牛仔裤和运动鞋。小李身着吊带裙，喷洒了浓烈的香水，因想给对方留下好印象，化妆时间较长，比约定的时间晚到5分钟。

实践要求： 1. 分组讨论以上情景中有哪些不符合职业礼仪的地方。

2. 针对上述错误应怎么改正？

思考练习

1. 解释名词

职业　　职业礼仪

2. 填空题

（1）一般行为礼仪包括：微笑、______、______、______、______、请姿，等等。

（2）职业礼仪的类型：________、________、________、________等。

（3）请姿分为以下4种：小请、________、________、多人请。

3.简答题

(1)职业礼仪的基本原则主要有哪几个方面?

(2)举例说明职业礼仪对个人发展的作用。

任务三 传统礼仪与现代礼仪

学习准备

1.观看《礼仪中国》了解我国传统礼仪。

2.观看电影《泰坦尼克号》,了解国外礼仪。

理论认知

一、传统礼仪的发展

中国是历史文明古国,我国人民在悠久的历史中创造了璀璨的文化,形成了文明的行为规范、高尚的道德准则、系统的礼仪体系,我国在世界上享有"文明古国、礼仪之邦"的美誉。西方国家也在漫长的历史发展中形成了独特的传统礼仪。

(一)中国传统礼仪的发展

中国传统礼仪历经历史性的不断变革,传承沿袭至今,依据其发展过程可划分为5个时期。

(1)萌芽期　夏朝以前。礼仪的萌芽期是指原始社会的旧石器时期。主要包括婚嫁的礼仪、族内长幼尊卑的礼制、祭天敬神的仪式、交往中简单的礼节等行为。这一时期礼仪的特点是简单化、虔诚性、宗教性。

(2)形成期　夏、商、西周三代。奴隶社会统治阶级为巩固自己的统治地位,把原始的宗教礼仪发展成符合统治者政治需要的礼制。中国历史上第一次形成了较为完整的国家礼仪与制度。"五礼"是我国古代汉族礼仪的总称,即吉礼(祭祀之礼)、凶礼(丧葬之礼)、嘉礼(冠婚之礼)、宾礼(宾客之礼)、军礼(军旅之礼)。此时期也产生了我国最早的礼仪学经典著作《周礼》《仪礼》《礼记》。这一时期礼仪的特点具有明显的阶级性。

(3)变革期　春秋战国时期。在此时期出现了诸子百家对礼仪理论系统的研究与争论,学术界出现了"百家争鸣"的局面,其代表人物有孔子、孟子、荀子等。他们对礼仪进行了全面而深刻的理论阐述,形成了明显的社会等级划分及细化的礼仪规范。这一时期礼仪的特点是系统性、理论性。

(4)强化期　秦汉到清末。在我国长达2 100多年的封建社会里,礼仪始终为统治阶级服务,具体表现为君尊民卑、夫尊妇卑、父尊自卑、男尊女卑、神尊人卑。从内容上概括为两大类礼仪:国家政治礼制和家庭伦理。这一时期的礼仪成为中华传统礼仪的主要组成部分,特点是突出阶级性、尊卑性、服从性。

(二)西方传统礼仪的发展

(1)古希腊时期　古希腊时期是指公元前 8 世纪至公元前 2 世纪。古希腊创造了辉煌的文化,形成了许多保留至今的西方文明礼仪。古希腊时期的礼仪包括礼仪、风俗、习惯,它不仅体现在物质方面,更反映在精神层面,在苏格拉底、柏拉图、亚里士多德等的著作中多有论述。古希腊礼仪包括城邦和家族的礼仪约定、生活中的习俗等,主要体现在见面打招呼、服饰穿戴、饮食习惯等。如着装以一块长方布为主,通过各式各样的缠绕装饰自己,突出自然舒适之美;在饮食上注重节俭与节制,很少食肉,忌暴饮暴食与浪费;是父权社会,女性地位卑微。

(2)古罗马帝国时期　古罗马帝国时期是指公元前 27 年至公元 476 年,这一时期的礼仪没有太大的建树与发展,多是承袭希腊文化。如宗教礼仪、握手礼仪、拥抱礼仪、戴戒指的习惯等。

(3)中世纪时期　中世纪时期是指公元 476 年至公元 1453 年,是欧洲封建等级制形成时期。封建主与附庸通过土地关系联系在一起,随着经济的发展及封建等级制的形成,礼仪中的世俗等级、行为规范、风俗习惯变得更加系统,西方礼仪发展进入了鼎盛时期。

二、现代礼仪的发展

(一)中国现代礼仪的发展

辛亥革命后,中国的传统礼仪与制度,在西方的“自由、博爱、平等、民主”等思想影响下,受到严重的冲击。五四新文化运动掀起了思想解放的潮流,中国现代礼仪得以发展,继承了符合时代发展的传统礼仪文化,同时选择性吸收了国际化的礼仪准则、观念、规范,并进行了传播与推广。新中国成立以后,礼仪的主要原则逐渐确立为“平等互助、友好往来、团结友爱”。改革开放以来,随着经济的发展、社会的进步、国际交往的日益频繁,国际化的礼仪与我国传统礼仪融入到社会生活之中,形成了具有中国特色的新型礼仪——文明、和谐、自由、平等、诚信、友善。现代礼仪的发展进入了全新发展的时期。

(二)西方现代礼仪发展

西方现代礼仪在 16 世纪文艺复兴后有了新的发展。从上层社会对遵循礼节的烦琐追求到 20 世纪中期对优美举止的赞赏,一直到比较简单的适应社会平等关系的礼仪规则,西方的礼仪日益现代化、国际化。

三、传统礼仪与现代礼仪的关系

历史发展到今天,礼仪随时代的发展形成了现代礼仪,而传统的礼仪文化不但没有被时代抛弃,反而更加彰显民族特色。现代礼仪是在传统礼仪的基础上扬弃而成的,它们既有联系也存在区别。

(一)传统礼仪与现代礼仪的联系

1. 传统礼仪是现代礼仪的基本

现代礼仪源于传统礼仪，是汲取传统礼仪精华后的发展，是继承了传统礼仪中符合人性基本需要的礼仪，是对传统礼仪的继承与扬弃。

2. 现代礼仪与传统礼仪融合发展

现代礼仪随着经济的进步、社会发展、世界共同体的建立，又不断被赋予新的内容，它既具有明显的民族特征，同时又具有国际化礼仪的内容规范要求，从而为新时代中国特色社会主义建设服务。

(二)传统礼仪与现代礼仪的区别

1. 内涵不同

传统礼仪的内涵比现代礼仪要广，它不仅包括礼节和仪式，还具有政治性、阶级性等特点；而现代礼仪的内涵核心是精神元素，继承了传统礼仪中的“仁义礼智信、温良恭俭让”，又体现了新时代的“文明、和谐、自由、平等、诚信、友善”。

2. 特点不同

传统礼仪是礼与法的结合，“舜其大孝、文王无忧、武王达孝”是传统礼仪中倡导的“修身、治国、平天下”，现代礼仪则强调自我的修养与约束。

3. 强调不同

传统礼仪存在很多不平等的内容，强调等级；现代礼仪尊重人性、维护人权，注重平等，尊重自我与他人。

总之，传统礼仪文化对于现代礼仪的完善与发展有着不可磨灭的贡献。现代礼仪是对传统礼仪的扬弃，是对传统礼仪的历史继承与弘扬，是融合现代社会因素的社交礼仪，体现了新时代民众生活、工作礼仪的提升与发展。

学习实践

情 景

古代礼仪手势——作揖

我国古代最常见的礼仪手势是作揖。在古代作揖是很有讲究的，不同的场合不同的事宜其做法不同。一般分为“吉拜”和“凶拜”。“吉拜”用于恭喜、贺喜、喜庆场合，比如过年、婚庆、庆生等；而“凶拜”则用于丧事等。在做动作时男性和女性有着原则性区别，男女的手势是相反的，“吉拜”男性右手握拳左手包于其上，女性是左手握拳右手包于其上。

作拜时候，因为男左女右，男性是左掌在外，其右手握拳在内；而女性则是右掌在外，且俩手都呈半握状。施作揖礼时，抱拳小幅度上下晃动三下，寓意磕了三个头。

实践要求：1. 模拟“古代作揖”的情景。
2. 体会我国传统礼仪——作揖。

思考练习

简答题

1. 中国传统礼仪的起源主要有哪几种源说？
2. 简述中国礼仪发展过程。
3. 简述传统礼仪与现代礼仪的关系。

项目评价反馈

一、小组评价

序号	评价项目	评价情况
1	与其他同学口头交流学习内容是否流畅	☆☆☆☆☆
2	是否尊重他人	☆☆☆☆☆
3	学习态度是否积极主动	☆☆☆☆☆
4	是否服从教师的教学安排	☆☆☆☆☆
5	是否能保持学习环境的干净整洁	☆☆☆☆☆
7	是否遵守学习场所的规章制度	☆☆☆☆☆
7	是否达到全勤	☆☆☆☆☆
8	团队学习中主动与合作的情况如何	☆☆☆☆☆
9	能否主动参与教学场所的清洁和整理工作	☆☆☆☆☆

参与评价的同学签名________________

二、教师评价

1. 对实践操作的点评________________

____

____

____

2. 对学习过程的总体评价________________

教师签名______

三、学生评价

1. 对教师授课效果的评价______

2. 对学习效果的评价______

学生签名______

项目二

职业素养认知

学习目标

1. 理解素养、职业素养的概念与基本内涵。
2. 掌握职业素养的基本特征、基本要求以及职业礼仪的养成。
3. 了解职业素养与职业礼仪的关系。

任务描述

本项目包括素养认知、职业素养认知、职业素养与职业礼仪 3 个任务。学生通过本项目的学习，认知素养、职业素养的概念和基本内涵，明确职业素养的基本特征和基本要求；了解职业素养与职业礼仪的关系及其对个人职业发展的重要意义，从而理解职业礼仪学习的重要性，培养学习职业礼仪的积极性和主动性，努力提高自我职业素养，为个人职业发展打下良好的基础。

内容结构

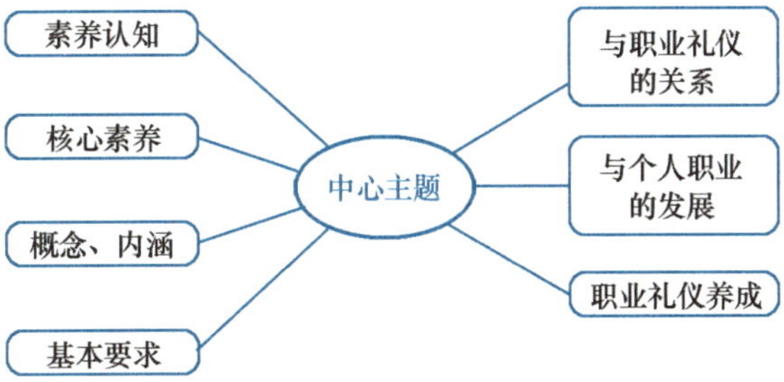

成语话礼

程门立雪

程门立雪成语出自《宋史·杨时传》："至是，又见程颐于洛，时盖年四十矣。一日见颐，颐偶瞑坐，时与游酢侍立不去。颐既觉，则门外雪深一尺矣。"程门立雪旧指学生恭敬受教，现指尊敬师长，比喻求学心切和对有学问的长者的尊敬。

任务一　素养认知

学习准备

1. 学习“程门立雪”和张良拜师的故事，理解素养与职业素养的内涵。
2. 查找有关大学生核心素养方面的信息资料。

理论认知

一、素养

（一）素养的概念及分类

素养是指人的素质和修养，是人们在长期的实践活动过程中获得的技巧和能力，包括道德品质、外在形象、知识水平与技能等方面。素养与每个人的生活态度、生活方式和价值观融为一体，是我们生活的一部分。

在现代社会中，素养的内涵更加广泛。它是个体在先天生理的基础上、在后天学习和环境影响下获得的一种相对稳定的、长期的基本素质结构。素养主要包括生理素养、心理素养、社会文化素养、专业素养等方面。生理素养是指人的生理机能、运动技能、体质和体型等方面的素养。心理素养包括智力素养和非智力素养两个方面，主要指人的认知、需要、情感、意志和性格等。社会文化素养主要包括思想政治观、道德行为规范、科学文化知识、劳动生产技能、审美等方面的素养。专业素养包括专业知识、专业技能、专业作风和专业精神。这四个方面的素养相互补充、相互作用，共同构成一个人的整体素养。

（二）素养的主要特征

1. 素养是先天遗传性与后天习得性的辩证统一

先天遗传是素养形成的基础，后天环境因素为素养的发展提供了契机，尤其是具有明确教育目的的环境，对素养的发展起着主导作用。

2. 素养是相对稳定性与动态变化性的辩证统一

一方面，素养体现出相对稳定的基本特征；另一方面，素养也呈现出动态变化的特征。素养水平的高低与个体所处的环境密切相关，尤其在教育因素的影响下，个体素养将不断发生变化和发展。这种变化和发展可以体现在人们的知识、能力、思想等方面。

3. 素养是个体性与群体性的统一

群体素养是由个体素养构成的，个体素养的高低影响群体素养的高低。然而，群体素养是个体素养增长的土壤。群体素养对个体素养的影响巨大，使得个体素养深深地打上了民族、地域、组织、群体等文化色彩。

4. 素养既有统一性又有差异性

人的素养具有共同的基本特征，主要体现在生理、心理、人格的基本结构上。但是，素养的具体表现形式也存在个体差异。例如，对于外向的人来说，性格中的某些因素会比其他因素更强；而一些内向的人在某些因素上则弱于其他因素。

5. 素养具有整体性

人的素养是个体多方面素养的有机结合，具有整体性的特征。而整体素养的高低既取决于各个素养要素的水平，也取决于各个素养要素构成的合理性。同时，整体素养构成的合理性又对各个素养要素及其功能的发挥产生极大影响。

二、核心素养

(一)核心素养的源起与内涵

“核心素养”一词最早出现在西方国家和某些组织。其研究的兴起和理论发展与社会时代的变化密切相关。1997 年，经合组织(OECD)启动了研究项目“素养的界定与遴选：理论和概念基础”。2003 年，在最终的研究报告《核心素养促进成功的生活和健全的社会》中，经合组织和欧盟理事会首次使用了“核心素养”一词。经合组织首次提出，核心素养使个人能够过上美好而成功的生活。这种成功的生活表现在与他人有密切的关系，了解自己和自己生活的世界，与自己的生理和社会环境自主互动，并具有成就感和愉悦感。

我国许多专家学者在大量研究的基础上，也对“核心素养”的概念给予了新的定义。核心素养是学生在接受相应年龄阶段教育的过程中，逐渐形成的适应个人终身发展和社会发展需要的必要品格和关键能力，是一种结合学生的知识、技能、情感、态度、价值观等方面要求的综合能力。它强调个人修养、社会关怀、家国情怀，更注重自主发展、合作参与、创新实践。

(二)中国学生发展核心素养

2016 年 9 月 13 日，中国学生发展核心素养研究成果在北京师范大学发布，该研究提出：中国学生发展核心素养的核心是培养“全面发展的人”，具体分为文化基础、自主发展、社会参与 3 个方面。

1. 文化基础

文化是人类生存的根源和灵魂。文化基础强调能够获取人文科学等各领域的知识和技能，掌握和利用人类智慧的优秀成果，培养内在精神，追求真、善、美的统一，发展成为具有宽厚的文化基础和更高的精神追求的人。

(1)人文底蕴　主要是学生在学习、理解、运用人文领域知识和技能等方面所形成的基本能力、情感态度和价值取向。具体而言，包括人文积淀、人文情怀和审美情趣等基本要点。

人文积淀：具有古今中外人文领域的基础知识和成果的积累；能理解和掌握人文思想所蕴含的认知和实践方法等。

人文情怀：具有以人为本的意识，尊重和维护人的尊严和价值；能关心人的生存、发展和幸福等。

审美情趣：具有艺术知识、技巧和方法的积累；能理解和尊重文化艺术的多样性，具有发现、感知、欣赏、评价美的意识和基本能力；具有健康的审美价值取向；具有艺术表现力和创造力，能使审美情趣在生活中得到拓展和升华。

(2)科学精神　主要是学生在学习、理解、运用科学知识和技能方面形成的价值标准、思维方式和行为表现。它具体包括理性思考、批判质疑、勇于探索等基本要点。

理性思维：崇尚真知，能够理解和掌握基本的科学原理和方法；尊重事实和证据，对知识有实证意识和严谨态度；逻辑清晰，能够运用科学思维认识事物、解决问题、指导行为等。

批判质疑：有问题意识；能独立思考，独立判断；思维缜密，能多角度、辩证地分析问题，做出选择和决定等。

勇于探索：具有好奇心和想象力；能够不畏困难，具有坚持不懈的探索精神；能够大胆尝试，积极寻求解决问题的有效办法等。

2. 自主发展

自主性是人作为主体的根本属性。自主发展强调能够有效管理自己的学习和生活，认识和发现自己的价值，发掘自己的潜能，有效应对复杂多变的环境，成就出彩人生，发展成为一个有明确的人生方向、有高品质生活的人。

(1)学会学习　主要是学生在学习意识的形成、学习方式和方法的选择、学习过程的评价和控制等方面的综合表现。具体包括乐学善学、勤于反思、信息意识等基本要点。

乐学善学：能正确认识和理解学习的价值，具有积极的学习态度和浓厚的学习兴趣；能养成良好的学习习惯，掌握适合自己的学习方法；能自主学习，具有终身学习的意识和能力。

勤于反思：有审视自己学习状态的意识和习惯，善于总结经验；能根据不同情况和自身实际，选择或调整学习策略和方法。

信息意识：能自觉有效地获取、评估、鉴别、使用信息；具有数字化生存能力，主动适应“互联网＋”等社会信息化发展趋势；具有网络道德和信息安全意识等。

(2)健康生活　主要是学生在认识自我、发展身心、规划人生等方面的综合表现。具体包括珍爱生命、健全人格、自我管理等基本要点。

珍爱生命：懂得生命的意义和价值；具有安全意识和自我保护能力；掌握适合的运动方法和技能，养成健康文明的行为习惯和生活方式等。

健康人格：具有积极的心理素质，自信、自爱、坚韧乐观；有自制力，能够调节和管理自己的情绪，有抗挫折能力等。

自我管理：能正确认识和评价自己；根据自己的个性和潜能选择合适的发展方向；合理分配和利用时间、精力；具有实现目标的持续行动能力等。

3. 社会参与

社会性是人的本质属性。社会参与强调处理自我与社会关系的能力，目标是培养现代公民必须遵守和履行的道德准则和行为准则，增强公民的社会责任感，提高其创新精神和实践能力，促进个人价值的实现，推动社会的发展和进步，使公民发展成为有理想信念、敢于担当的人。

(1)责任担当　主要是学生在处理社会、国家和国际关系时形成的情感态度、价值取向和行为方式。它具体包括社会责任感、国家认同和国际理解等基本要点。

社会责任感：自尊自律、文明礼貌、诚信友善、宽厚待人；孝敬亲长、懂得感恩、热心公益和志愿服务、敬业奉献、有团队协作互助精神,能主动履行职责,对自己和他人负责;能够明辨是非,具有规则意识和法治意识,积极履行公民义务,理性行使公民权利;倡导自由平等,能维护社会公平正义;热爱自然,尊重自然,有绿色生活方式和可持续发展的理念和行动等。

国家认同:具有国家意识,了解国情和历史,认同国民身份,能自觉捍卫国家主权、尊严和利益;具有文化自信,尊重中华民族优秀文明成果,能传播和弘扬中华优秀传统文化和社会主义先进文化;了解中国共产党的历史和光荣传统,具有爱党、拥护党的意识和行动;理解、接受和自觉践行社会主义核心价值观,具有中国特色社会主义共同理想,有为实现中华民族伟大复兴的中国梦而不懈努力的信念和行动。

国际理解:具有全球意识和开放心态,了解人类文明和世界发展进程;尊重世界多元文化的多样性和差异性,积极参与跨文化交流;关注人类面临的全球性挑战,并了解人类命运共同体的内涵和价值等。

(2)实践创新 主要是学生在日常活动、解决问题、适应挑战等方面形成的实践能力、创新意识和行为表现。具体包括劳动意识、问题解决、技术应用等基本要点。

劳动意识:尊重劳动,有积极的劳动态度和良好的劳动习惯;有动手操作能力,掌握一定的劳动技能;在积极参与家务劳动、生产劳动、公益活动和社会实践中,有改进和创新劳动方式、提高劳动效率的意识;有通过诚实合法的劳动创造成功生活的意识和行动等。

问题解决:善于发现和提出问题,有解决问题的兴趣和热情;能根据具体情况和具体条件选择和制定合理的解决方案;有在复杂环境下行动的能力等。

技术应用:了解技术与人类文明的有机联系,具有学习和掌握技术的兴趣和意愿;具有工程思维,能够将创意和解决方案转化为有形物品,或能够改进和优化已有物品等。

学习实践

情　景

播放歌曲《感恩的心》,观看以"感恩"为主题的视频、影片等,如《感动中国年度十大人物》《我和我的祖国》等,在班级组织开展感恩教育:

感恩祖国——感谢祖国给予我们稳定的社会,给予我们幸福的生活;

感恩社会——感悟人民群众的关爱之情,增强社会责任感,报效祖国;

感恩父母——感谢父母的养育之恩,学会孝顺父母、尊敬长辈;

感恩师长——感谢老师的教导和辛勤的培养,尊敬师长;

感恩他人——感谢同学、朋友的关爱互助,促进互助互爱。

实践要求:1.学唱歌曲《感恩的心》。

2.分组讨论,选出小组代表进行"感恩"主题演讲。

思考练习

1.名词解释

素养　　核心素养

2. 填空题

(1)现代社会中素养的涵义包括________、________、________和______等。

(2)中国学生发展核心素养包括__________、__________、__________三个方面。

(3)中国学生发展六大核心素养为________、________、________、________、________、________。

3. 简答题

(1)素养有哪些主要特征?

(2)中国学生发展核心素养的基本要点有哪些?

任务二　职业素养认知

学习准备

1. 利用网络资源,了解职场中必备的职业素养有哪些方面。

2. 观看电影《放牛班的春天》,了解提升职业素养的重要意义。

理论认知

一、职业素养的概念与内涵

(一)职业素养的概念

职业素养鼻祖圣弗朗西斯科在其著作《职业素养》中这样定义:职业素养是人类在社会活动中需要遵守的行为规范,是职业内在的要求,是一个人在职业过程中表现出来的综合品质。良好的职业素养是事业成功的前提条件。

(二)职业素养的基本内涵

职业素养包括显性素养和隐性素养。显性素养主要是指职业知识、技能和行为等,可以由一个人的外在条件如学历证书、职业证书等来证明;而职业道德、职业意识和职业态度则属于隐性素养,是每个人内在修养的体现。显性素养和隐性素养共同构成了一个人的整体职业素养。

职业素养的核心内容主要包括职业信念,职业知识和技能,职业行为习惯。

1. 职业信念

职业信念是职业素养的核心。良好的职业信念应涵盖良好的职业道德,积极健康的职业心态和正确的职业价值观。这些是在职场中取得成功所必须具备的核心素养,包括爱岗、敬业、忠诚、奉献、积极、乐观、团结和合作等基本素养。

2. 职业知识和技能

职业知识技能是一个人进入职场应该具备的基本专业知识和能力。常言说“三百六十行，行行出状元”，没有扎实的专业知识和精湛的职业能力，就无法达到从事某一职业的基本要求，更不可能成为行业“状元”。研究发现：一个企业的成功30%靠战略，60%靠企业各级员工的执行力。中国人的聪明智慧在世界上是公认的，在中国不缺战略家，而缺少执行者。执行能力也是每个成功职业人必备的一种基本职业技能。此外，还有职业礼仪、时间管理及情绪管控等，都是职业人必须修炼的基本功。

3. 职业行为习惯

“职业行为习惯”是在职场上经过不断地学习—修正—养成而最终成为习惯的一种综合素质，是一个人职业素养的综合体现。一个人的信念可以通过学习得以修正，技能可以通过锻炼得以提升。因此，只有不断地强化学习直至养成习惯，才能让正确的职业信念、精湛的职业技能充分发挥其作用，成为个人职业素养的重要体现。

二、职业素养的基本特征

(一)职业性

职业素养具有明显的职业性特征。如教师的职业素养、护士的职业素养、商场服务人员的职业素养等，均因工作性质不同而具有非常明显的职业特点。曾获得“全国优秀售票员”称号的李素丽是北京公交窗口行业的优秀代表，她的职业素养必定与售票员这一职业紧密联系在一起。她曾说过：“如果我能把十米车厢、三尺票台当成为人民服务的岗位，实实在在去为社会做贡献，就能在服务中融入真情，为社会增添一份美好。即便有时自己有点烦心事，只要一上车，一见到乘客，就不烦了。”

(二)稳定性

职业素养是人们在长期工作过程中经年累月形成的，形成之后，便具有相对稳定性。例如，教师在多年的教学生涯中逐步形成了一系列教师的职业素养，即精心备课、认真讲课、关爱学生、为人师表等，从此便保持相对稳定。而随着教师生涯的继续，受学习和工作环境的影响，其职业素养还会进一步提升。

(三)内在性

在长期的职业活动中，从业人员通过学习、认知和亲身经历，逐步形成了是非对错的观念，而这种经过内化、沉淀和升华的心理品质，就是职业素养内在性的具体表现。工作中，我们经常会说“让某人去做这件事，必定万无一失”。我们之所以如此笃定，正是基于某人优秀过硬的内在职业素养。

(四)整体性

整体性是职业素养的重要特征之一。职业素养和一个人的整体素养密切相关。职业素养不仅指思想政治素养、职业道德素养，还包括科学文化素养、专业技能素养等，甚至还包括身体、心理素质。可以说，职业素养是一个人各方面素养的综合表现。

（五）发展性

职业素养具有发展性特征。职业素养是通过教育学习、个人实践活动和社会影响逐渐形成的，具有相对稳定的特点。但随着社会的发展，职场对个人职业素养的要求也不断更新，与之相适应地，我们必须提高自身素养，从而适应社会发展进步的需要。

三、职业素养的基本要求

素养体现在职场中就是职业素养。职业素养是个人职业发展的基本保障，不同行业对职业素养有不同要求，但无论从事什么行业，都要具备最基本的职业素养，具体体现在价值观、道德品质、沟通能力、敬业精神、团队意识、责任意识、职场礼仪等方面。

（一）职业价值观

所谓职业价值观，是每个人的人生态度和目标在职业方面的具体体现，反映了人们对职业的认知和态度，也体现了个体对职业目标的追求和向往。职业价值观集中反映了个体的理想、信念和人生观，对于职业的选择、职业的预期起决定性作用，同时也会影响一个人在职场中的工作态度和工作业绩，决定职业发展的前途。正确的职业价值观应以社会主义核心价值观为前提，正确处理工作与生活、个人与社会的关系。在工作中保持积极、健康的职业态度，以合理、合法、公正、公平的方式追逐名利；将个人利益与国家利益、社会发展结合起来，实现自身价值与社会价值的统一。

（二）职业道德

职业道德是人们在职场活动中应该遵守的行为规范与准则，包括工作人员与服务对象、职业与员工、职业与职业之间的关系。良好的职业道德有助于形成良好的人际关系，可以提高行业信誉，促进行业的发展，同时也有利于全社会道德水平的提升。爱岗敬业、无私奉献、诚实守信、遵纪守法、公平公正、服务社会等都是职场人员应该具备的基本职业道德。

1. 爱岗敬业

爱岗敬业是从业人员必须具备的一种敬业精神，是保证工作中求真务实、服务群众、无私奉献的前提和基础。在工作中，首先要热爱本职工作，有为工作奉献的精神，把自己的理想、信念和追求与工作紧密结合在一起，在平凡的工作中做出非凡的成绩。爱岗敬业精神是积极进取的工作态度、高质量的工作成果和高度的工作责任心的重要保障。

2. 无私奉献

职业作为认识和管理社会的基础性工作，它枯燥而烦琐，因此人们要想保持兢兢业业、任劳任怨、甘于寂寞、乐于奉献的工作态度，就必须具备高度的责任感和使命感，以及崇高的职业荣誉感；要不断加强自身修养，提高道德水平，处理好个人、集体、国家的利益关系，树立正确的世界观、人生观和价值观；同时弘扬新时代精神，继承中华民族传统道德，坚持与时俱进、勇于创新，淡泊名利、无私奉献。

3. 诚实守信

实事求是是职业道德的核心。求，就是深入实际，调查研究；是，有两层含义，一是是真不是假，二是社会经济现象数量关系的必然联系，即规律性。在职场中，我们必须本着对国家和人民高度负责的态度，办实事，求实效，实事求是，不随波逐流，坚决反对和制止工作中弄虚作假。这就需要大公无私的职业良心和无私无畏的职业作风与职业态度。如果工作中夹杂了私心杂念，为了满足个人需要，必然会弄虚作假、虚报浮夸，也就会背离实事求是这一根本的职业道德要求。

4. 遵纪守法

“没有规矩，不成方圆。”遵纪守法是现代人必备的道德素质，而从业人员在工作中还必须遵守职业纪律和与职业相关的法律法规。职业纪律是明确的职业行为规范，它以行政命令的方式规定了职业活动中最基本的要求和职业行为内容，是职业活动得以正常进行的基本保证。从业人员必须在实践中学法、知法、守法、用法，自觉遵守劳动纪律、财经纪律、保密纪律、组织纪律等职业纪律与规范，这是从业的必要保证。遵纪守法不仅是职业道德的基本要求，也是从业者必备的基本职业素养。

5. 公平公正

公平公正是指从业人员在工作中处理问题时，要站在公正的立场上，一视同仁，按照统一的标准和原则办事的职业道德规范，即处理各种职业事务要公道正派、不偏不倚、客观公正、公平公开。对不同的服务对象要一视同仁、秉公办事，不因职位高低、贫富亲疏的差别而区别对待。

6. 服务社会

服务社会既是职业道德的出发点，也是职业道德的最高境界和最终目的。它要求从业者履行对社会、对他人的义务，自觉地、努力地为社会、为他人做出贡献。当社会利益与局部利益、个人利益发生冲突时，要求每一个从业人员把社会利益放在首位。优质服务是职业道德所追求的最终目标，是职业生命力的延伸。

（三）职场礼仪

职场礼仪是人们在职业场所中应当遵循的一系列礼仪规范。良好的职场礼仪有助于完善和维护自身的职业形象，有效地展现一个人的教养、风度、气质和魅力，还能体现一个人对社会的认知水平，个人的学识、能力和价值。在职场中，按照礼仪的规范来约束自己，通过职场礼仪的细枝末节可以使人们在复杂的人际关系中保持冷静，得到同事的信任，有利于协调沟通，与同事间建立起相互尊重、友好合作的关系，从而在职场中游刃有余，为自己的事业发展保驾护航。基本的职场礼仪包括仪表礼仪、介绍礼仪、行为礼仪等。

（四）职场沟通

沟通是不同的行为主体通过各种载体实现信息的双向流动，形成行为主体的感知，以达到特定目标的行为过程。沟通的目的是传递信息、交流感情，促成改变。《易经》有云：“天地交而万物通也，上下交而其志同也。”职场中，通过有效沟通能使团队成员快速达成共识，形成统一思想，推动工作顺利开展；同时，通过有效沟通也可以增进了解，有利于化解矛盾，为相互之间的工作协调配合提供便利；可以凝聚合力，有助于正向激励和促进团结。良好的职场沟通要把握好以下原则：

无尊重不沟通。职场中要在相互尊重的基础上进行有效的交流与沟通。

有情绪不沟通。不良情绪容易导致冲动，使人失去理性，激化矛盾，进而造成不可挽回的后果，所以要尽量避免在有情绪时与人沟通。

无考虑不沟通。在职场中，不经思考、脱口而出的表达可能会造成令人尴尬的结果，所以要养成先思考后说话的习惯。

无倾听不沟通。沟通是双方的交流，要学会耐心倾听，彼此了解，才能畅快沟通，达到满意的结果。

（五）职场协作

团队职场协作是指通过团队完成某项制定的事件时所表现出来的自愿合作和协同努力的精神。协作建立在团队基础之上，发挥团队精神、互补互助才能取得最高工作效率。对于团队成员来说，不仅要有个人能力，更要有在不同位置上各尽所能、与其他成员协调合作的能力。古往今来诸多事实告诉我们，如果没有团队意识，必然被竞争的激流所淹没。协作精神的培养应注重以下几个方面：

学会欣赏。人无完人，每个人都会有优点和缺点，要善于发现他人的优点，不能因为有缺点而一叶障目、以偏概全。

保持谦虚。团队中任何一位成员都可能是某个领域的专家，因此要务必保持谦虚的心态。谦虚的人容易被大家认可，也会让你看到自己的缺陷，促使自己在团队中不断进步。

树立集体观念。列夫·托尔斯泰曾说过："个人离开社会不可能得到幸福，正如植物离开土地而被扔到荒漠不可能生存一样。"在职场中个人命运与他人命运、集体命运息息相关，一荣俱荣，一损俱损，要树立团队意识，培养集体观念。

（六）时间管理

时间管理是指通过事先规划并运用一定的技巧、方法与工具实现对时间的灵活、有效运用，从而实现个人或组织的既定目标。时间管理的意义狭义上来讲是让工作更有效率，而广义上可以延伸为人生的自我管理，是每一个追求成功的人必备的职业素养。一名优秀的时间管理者一定会区分事情的轻重缓急，确定工作的优先次序，并且在时间计划表里安排一定的机动时间处理紧急事件，同时非常善于利用碎片化时间。

学习实践

情景（一）

某公司招聘公关部经理，有一位小伙子只有中专学历，在所有应聘者中他的学历最低。他在应聘过程中，进门时蹭掉了脚下的泥土，并随手关上了门；看到一位残疾老人时，他立即起身让座；进了办公室他先脱去帽子；回答问题时他机智幽默。最终这位小伙子在一百多名应聘者中脱颖而出，成功被录用。而他被录用的理由是：随身携带了四张人生名片。你知道他携带的四张名片是什么吗？

实践要求：

1. 分小组分析讨论案例中小伙子应聘成功的原因是什么？他具备了哪些职业素养？（提示：蹭掉泥土，随手关门——有“心”；起身让座——有“德”；脱帽——有“礼”；机智幽默——有“智”。）

2. 结合专业特点，总结本专业必须具备的职业素养，形成小组报告，在班级汇报展示，教师点评。

情景（二）

无敌风火轮（拓展活动）

活动目的：培养团队精神，锻炼组织协作能力，提高团队成员之间的信任与合作能力。

活动道具：旧报纸、胶带。

活动规则：

（1）以 10 人为一队，在 20 分钟内利用提供的材料制作一个大纸环（“风火轮”），要求将纸环立起时能容纳全体队员站在纸环内。

（2）各队带上“风火轮”及修补材料到起跑线，全体队员站在纸环上，边向前走边滚动纸环，以最后一人通过终点线为准记时评比。

（3）在行进过程中任一队员的脚踩出纸环外，则全队原地暂停 5 秒；若发生纸圈破裂，则要求全体队员在不踩出纸环外的条件下原地进行修补，然后再继续前进。

（4）公布成绩，各队交流在活动中的感受并做好记录。

实践要求：分小组分析讨论总结团队协作精神的重要性，选出代表在班级作典型发言。

思考练习

1. 名词解释

职业素养

2. 填空题

（1）职业素养由________和________两部分构成，其核心内容包括________________、______________、______________三个方面。

（2）职业素养的基本特征有________、________、________、__________、__________。

3. 简答题

职业素养的基本要求包含哪些方面？

任务三　职业素养与职业礼仪

学习准备

1. 通过查阅资料了解职业素养与职业礼仪的关系。

2. 观看电视剧《平凡的荣耀》，总结职业礼仪对个人职业发展的重要意义。

理论认知

“人无礼则不立，事无礼则不成。”泱泱华夏，素称礼仪之邦。中国历来都十分重视礼仪教育，自周朝就出现了《周礼》，春秋时期圣人孔子更是礼仪的集大成者，进入封建社会礼仪依旧十分重要，中央行政机构设有吏、户、礼、兵、刑、工六部，礼部就占其一。

在职场中，职业素养与职业礼仪二者相辅相成、相互依托。现代社会职场中，礼节、礼貌都是人际关系的“润滑剂”，职业礼仪在职业活动中也显得尤为重要。职业礼仪既是职业人应该时刻遵守的原则，也是职业人职业素养的外在体现。良好的职业礼仪是个人职业发展的必备要求，让正确的礼仪形成习惯，良好的习惯形成良好的心智模式，这才是职业化所要求的基本素养。

一、职业素养与职业礼仪的关系

(一)职业礼仪依托职业素养

学习职业礼仪的同时必须不断提升自身职业素养。所谓“诚于中而形于外，慧于心而秀于言”。职业礼仪必须以职业素养为基础。良好的礼仪是一个人内在精神与气质的表现，如果没有道德、情操、智慧、理想等内在修养为基础，那么包装再精美的礼仪也是肤浅而空洞的。

(二)职业礼仪彰显职业素养

职业礼仪作为职业素养的外在形式，可以显现出一个人的综合素养水平。在最基本的职业仪态和行为习惯中，一言一行、一举一动都体现着一个人外化的认知水平和修养程度。

(三)职业礼仪引导职业素养

礼仪具有重要的道德功能，它能引导人们的道德修养，增强道德信念，约束言行举止，保证道德原则的实施。学习职业礼仪，充分利用、发挥礼仪的道德功能，能够塑造良好的个人形象、培养待人处世的态度和高尚的道德品质，这也是提高职业素养的重要途径。

二、职业礼仪与个人职业发展

职业礼仪对大学生未来的职业发展具有不可忽视的重要意义。在当前日益严峻的就业形势下，市场竞争尤为激烈，人才选择异常残酷。在职场中，学历文凭固然很重要，但职业能力和职业礼仪修养也是一个人整体素质的重要体现。作为当代大学生，除了要具备扎实的职业知识技能外，还要掌握一些基本的职业礼仪惯例和职场技巧，在某些重要场合下这些礼仪形式甚至会起到关键性的作用。我们经常看到，在招聘会上，服饰得体、彬彬有礼的大学生更能获得用人单位的青睐。

(一)职业礼仪有助于提升个人整体素养

专业素质和非专业素质是一个人成功的必备素养，非专业素质中的一项重要内容就是文明礼仪修养，它对于职业生涯的成功有着很大的促进作用。作为即将步入职场的大学生要加强自身职业礼仪训练，做到体貌兼习，文质彬彬，举止与表情一致，行为美与心灵美相统一，内强素质，外塑形象，以礼待人，使职业礼仪内化为个人高尚的人格魅力，从整体上提升个人综合职业素养，为个人职业发展奠定良好的基础。

（二）职业礼仪有助于提高处理人际关系的能力

大学生是即将走入社会的“准社会人”，职业礼仪是一个人在社会化过程中不可或缺的必修课。学习职业礼仪的基本规范和知识，可以帮助大学生尽快了解成为社会人走上工作岗位之后应该遵循的规则，有利于将来更快地融入新的工作环境，并与同事和睦相处。在职场中，只有掌握了人际交往技巧，积累了交往经验，工作中遵循相互尊重、诚信诚恳、言行适度的原则，才能迅速拉近与交往对象的距离，与领导、同事和服务对象建立起良好的人际关系，为工作的顺利完成和事业的成功奠定基础。

（三）职业礼仪有助于提高个人职业竞争力

对高职院校的学生来说，在未来社会竞争中，学历是无法回避的弱势。一方面，高职学生要增强自身在求职过程中的竞争力，就要注重职业礼仪的学习，以此来提升个人礼仪修养和综合素质，从而使自己能够在激烈的社会竞争中博得一席之地。另一方面，个人的职业素养、职业意识都是决定一个人职业生涯发展的关键因素，与个人职业发展前途息息相关。而职业礼仪修养正是其中不可或缺的重要内容，它是个人职业生涯成功的基石，为未来的职业发展奠定基础，所以高职学生在校期间要自觉提高学习职业礼仪的积极性、主动性。

三、职业礼仪养成

职业生涯成败的关键在于个人职业素养。职业礼仪既是职业素养的外在体现，也是职业素养的一个重要组成部分。那么，作为当代大学生，要想使自己在将来的工作中游刃有余，在职场中立于不败之地，就必须从自身素质、实践训练等多方面促进职业礼仪养成，进而提高综合职业素养。

（一）掌握职业礼仪的原则

掌握职业礼仪的原则是职业礼仪养成的前提。大多数时候，人们在职业交际中失礼并非是不想讲究礼仪，而是他们不知道应有的礼仪或者不懂该怎样表现自己的礼仪，因此在职业交往中往往表现出有心无力或者不知所措，即所谓“知而后行，不知则行乱”。甚至有人出现已对他人失礼的情况却浑然不知，这显然不利于创建和谐、融洽的环境氛围。

职业礼仪是一门融理论性与实践性为一体的学科，主要研究人们在职场中的各种行为规范。培养良好的职业礼仪必须注重理论联系实际。首要的是学习职业礼仪理论知识，其次，与之相关的职业礼仪实践训练也是必不可少的。在职场中，人际交往的对象广泛而复杂，因此我们必须对不符合职场环境要求的行为习惯加以修正，以职业礼仪规范来约束自己的言行，杜绝个体随意性，而要做到这些首先需要学习掌握职业礼仪的基本原则。

(二)提高自身内在素质

提高自身内在素质是职业礼仪养成的基础。职业礼仪表面上来看虽然是人们职业交往中的行为表现,但本质上其实是一个人内在素质的自然外露和综合体现。内在美才能真正成就外在美。内在素质可从道德修养、文化修养、艺术修养等三方面进行提升。

职业道德是人们在职业生活、交往中的行为准则和规范,同时也是职业礼仪的基础。有德才会有礼,缺德必定无礼。只有以提高思想道德修养和职业道德修养为前提,不断地陶冶自己的情操,追求至善的理想境界,才能在职业交往中做到诚信待人、尊重他人,发自内心地以礼待人,而非流于形式。

文化修养与个人素质密切相关。有教养的人往往自信稳重、温文儒雅、举止大方,他们一般也都有着丰富的文化知识和缜密的思考能力,这种人在职业交往中无疑会更加具有良好的外在形象。反之,如果一个人缺乏基本的文化底蕴,那么无论怎样刻意包装打扮自己都难免在职业交往中露出破绽,显露出自己内在素养粗鄙的一面。正所谓:腹有诗书气自华。从业人员要自觉学习文化知识,不断提高自身的内在文化修养,从而为职业礼仪的养成奠定良好的素质基础。

艺术修养也是提升个人内在素质的一个重要途径。中华民族几千年丰厚的文化底蕴往往都蕴含在优秀的艺术作品之中。人们在鉴赏优秀艺术作品的同时,必然会受到民族文化的熏陶,艺术作品中的美妙意境也必然令人沉醉其中,在潜移默化中陶冶情操,升华情感,使思想得到启迪,进而有利于培养高尚的道德品质,强化个人修养。因此,我们要有意识地、尽可能多地接触积极健康、情趣高雅、极具艺术价值的优秀作品,以提升自身艺术修养来为职业礼仪的养成奠定基础。

(三)强化职业礼仪实践训练

职业礼仪实践训练是职业礼仪养成的重点。人才培养的标准应该是“德才兼备”,而“德”的具体表现形式是:内秀外美。内,主要是指思想品德、文化修养等;外,主要包括行为举止、外在形象等。优雅的行为举止和良好的外在形象主要依靠不断地有意识、无意识的礼仪规范实践训练才能很好地培养起来。从获取职业礼仪的基本理论知识、原则到将其潜移默化地融合到自己的一言一行当中,中间必须要经过严格的职业礼仪规范实践训练。例如,解放军三军仪仗队那种威武神圣的仪容气派,正是经过长期严格的艰苦训练才获得的。因此,在职业生活和交往中,要时刻有意识地将所学职业礼仪相关理论在实践中反复训练,不断积累经验和心得体会,才能真正掌握其精髓,并得以自然运用。

(四)培养职业礼仪行为习惯

培养职业礼仪行为习惯是职业礼仪养成的关键。学习职业礼仪要学以致用、知行合一,养成良好的职业礼仪行为习惯。要想将职业礼仪知识熟练地、自觉恰当地运用到职业生活交往中,就需要将职业礼仪习惯化。职业礼仪修养是一个自我学习、自我训练、自我培养的过程。在日常职业生活交往中,要主动自觉地培养良好的职业行为习惯,注意自我监督和自我反思,坚持按照职业礼仪行为规范要求行事,逐步养成习惯。在当今社会,每天都会有许多社会交往的机会,我们应该自觉地把握每一次社交活动,以此为契机,锻炼自己的职业礼仪和行为规范,不断从实践中学习,虚心向他人学习,不断总结和完善自己,切实做到学以致用。

总之,职业礼仪养成的前提是掌握职业礼仪的原则,基础是提高自身内在素质,重点是加强职业礼仪规范实践训练,关键是培养职业礼仪行为习惯,这四个环节相辅相成。我们需要从细节点滴着手，持之以恒，身体力行，从而养成良好的职业礼仪素养，提升自身职业素质，增强职业竞争力，为个人职业生涯的成功保驾护航。

学习实践

情　景

小张是某“985”高校硕士毕业生，去某家500强企业应聘。他专业能力过硬，在角逐年薪30万元的工作岗位的竞争中表现优异，因此受邀参加一次面试饭局，饭局上公司高管均在座。席间，小张自觉言行有礼，举止有度，可最终公司录用的名单里却没有他。他非常纳闷，认定招聘过程有黑幕。后经联系该企业人力资源部门，了解到他被淘汰的原因。小张的确专业能力超群，而被高管淘汰的理由是在那个饭局上他坐了不该坐的位置，而且席间他没有对任何一名服务员表示过谢意。对此，小张非常不理解：我是来工作的，我的工作内容又不是经常参加宴会，怎么能以这个原因把我淘汰掉呢？

实践要求：

请同学们分组讨论案例中小张被淘汰掉的根本原因是什么？分析总结职业礼仪对个人职业发展的重要意义。

思考练习

(1)简述职业素养与职业礼仪的关系。

(2)简述职业礼仪对个人职业发展的影响。

(3)简述如何培养自身的职业礼仪。

项目评价反馈

一、小组评价

序号	评价项目	评价情况
1	与其他同学口头交流学习内容是否流畅	☆☆☆☆☆
2	是否尊重他人	☆☆☆☆☆
3	学习态度是否积极主动	☆☆☆☆☆
4	是否服从教师的教学安排	☆☆☆☆☆
5	是否能保持学习环境的干净整洁	☆☆☆☆☆
6	是否遵守学习场所的规章制度	☆☆☆☆☆
7	是否达到全勤	☆☆☆☆☆
8	团队学习中主动与合作的情况如何	☆☆☆☆☆
9	能否主动参与教学场所的清洁和整理工作	☆☆☆☆☆

参与评价的同学签名＿＿＿＿＿＿＿＿＿＿＿＿＿＿＿＿

二、教师评价

1. 对实践操作的点评

2. 对学习过程的总体评价

教师签名

三、学生评价

1. 对教师授课效果的评价

2. 对学习效果的评价

学生签名

项目三

公共礼仪认知与实践

学习目标

礼

1. 理解公共礼仪的概念、类型。
2. 掌握仪表举止、语言礼仪的意识、标准及要求。
3. 熟练掌握仪表举止、语言礼仪的实践技能。
4. 了解公共礼仪的政治思想内涵。

任务描述

本项目分为公共礼仪认知、仪表举止礼仪、语言礼仪及情景模拟演练四部分，了解公共礼仪的概念、类型及特征；掌握仪表举止、语言礼仪的相关内容。通过本项目的学习，认识公共礼仪的基本要求，总结常见公共礼仪的实践特点；培养查阅资料、观察分析、调查研究、勤于总结和沟通协作等职业素质，切实提高公共礼仪水平。

内容结构

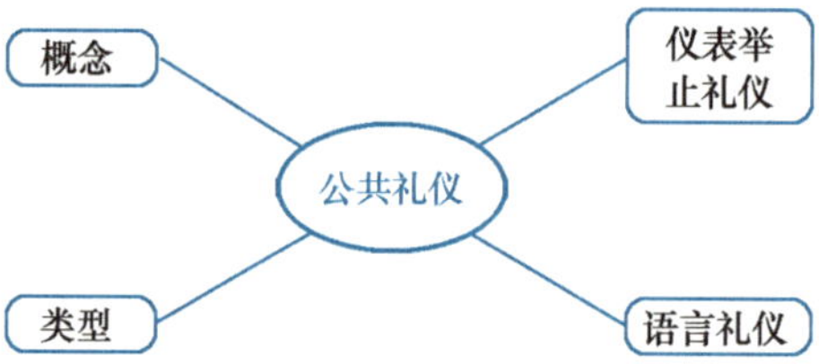

成语话礼

彬彬有礼

彬彬有礼成语出自《史记 · 太史公自序》："叔孙通定礼仪，则文学彬彬稍进，诗书往往间出矣。"另一说出自《论语》："子曰：质胜文则野，文胜质则史。文质彬彬，然后君子。"指既有文采又很朴实的样子，后用于形容举止文雅，有礼貌的样子。

任务一　公共礼仪认知

学习准备

1. 观看"在公共场所时和独处时你都会注意礼仪吗？"短视频。

2. 通过公共礼仪短视频的播放，了解公共礼仪对职业礼仪的重要性。

3. 查找西装着装礼仪的有关资料，了解女士套裙着装原则和禁忌内容。

理论认知

一、公共礼仪的概念

公共礼仪亦称基础礼仪，是指在国际交往、社会交往及人际交往过程中，用来表示尊重、亲善及友好的基础行为道德准则及惯用形式；是人们在人际交往活动中所应具备的基本能力和基本素质等。

公共礼仪必须体现社会公德。公共场所是人们自由活动的场所，与私人空间不同，因此更应该注重礼仪和展现礼仪。良好的公共礼仪既有助于维护公共秩序，又能显示个人的气质和教养。通过人际交往中的公共礼仪实施，人们既可以共享资源，互通信息；又可以沟通心灵，加深彼此友谊；还可以在工作中实现相互帮持，事业上获取最大成功。

二、公共礼仪类型

（一）根据公共礼仪的行为规范进行分类

1. 仪表举止礼仪

仪表是指人的外表，包括容貌、姿态、风度、服饰等内容，它反映一个人的精神状态。属于美的外在因素。

仪表举止礼仪是指职场人士在从事职业活动的过程中，所体现出来的仪表、仪容、举止行为等方面的公共礼仪。

仪容是指人的容貌，是人际交往中最容易被注视的方面，好的仪容是人的第一名片。从礼仪的角度来说，仪容礼仪包括仪容清洁和仪容修饰等内容。

举止是指一个行为人在特定场合的各种活动中，较稳定的礼仪行为。举止行为反映一个人的性格、心理、感情、素养和气质。在人际交往中举止优雅，用优美的仪态来表达礼仪，比用语言更让受礼者感到真实、生动和美好。

2. 语言礼仪

语言礼仪是在日常工作与生活里，人们用礼貌的语言表达思想、交流情感、沟通信息的规范性的表达方式，是自身最为重要的交际工具。职场人士保持良好的语言礼仪，有助于形成严谨有序而又和谐融洽的工作氛围。

称呼礼仪是指在对亲友、同事或其他相关人员称呼时应该使用的一种规范性、礼貌性语言，合适准确的称谓能恰当地反映出当事人之间的相互关系。

介绍礼仪是职业交往的起点，是建立联系、发展合作的基础。无论是自我介绍、他人介绍，还是商业性介绍都应该规范得体，体现礼貌。

交谈礼仪是指在职业交往过程中，人们口头表达活动中所应遵循的规范性、标准性的礼仪。

(二)根据公共场合不同进行的分类

1. 公共场所礼仪

公共场所礼仪是在一些特定的公共场所当中，例如影剧院、图书馆、阅览室、商场、电梯等，应该遵循的行为礼仪。

(1)要自觉遵守公共场所秩序，主动排队，尊老爱幼，帮助弱残。

(2)要根据不同场合，选择适合的服装和妆容，做到整洁、舒适、得体、适宜。

(3)要严格要求自我、规范自我行为，不喧哗、不打闹，友好交谈、不破坏公共财物。

2. 公共交通礼仪

公共交通礼仪是乘坐汽车、出租车、火车、飞机等公共交通工具时，应该遵循的行为礼仪。

(1)要严格遵守交通秩序与规则。遇到行动不便的人，要予以谅解，主动礼让。

(2)要保持乘车期间环境。在候车室等场所要保持安静。

(3)要遵守乘车秩序。依次排队，不抢座、占座，遇到老弱病残孕主动让座。

3. 旅游观光礼仪

旅游观光礼仪是旅游观光时，如在旅游、参观访问、学习寻访等活动中，应该遵循的行为礼仪。

(1)遵循到访地点的相关要求，入乡随俗，尊重地方风土民情。

(2)自觉维护环境卫生，爱护旅游观光区域内的公共财物。禁止出现以下行为：随地大小便、吐痰、乱丢果皮纸屑、白色垃圾等。对文物古迹、花草树木、公共建筑及设施均不能随意破坏，任意刻划。

(3)尊重他人提供的服务，配合服务人员工作，礼貌对待服务人员。如不大声喧哗和追逐打闹，以免造成对其他客人的影响；对服务人员所提供的服务及时表示感谢。

学习实践

情　景

B同学刚从体育馆打球回来，他有急事需要到图书馆寻找A同学。他携带着篮球，想直接进入图书馆，但考虑到自己着装不合适，正在犹豫不决时，偶遇C同学。于是B同学决定让C同学帮忙进入图书馆，找到A同学进行转达。

实践要求：1.运用公共场所礼仪要点分组模拟此场景。

2.各小组互相评价。

思考练习

1.名词解释

公共礼仪　　仪表举止礼仪　　语言礼仪

2. 填空题

(1)公共礼仪根据公共礼仪的行为规范,内容可分为__________、__________。

(2)公共礼仪根据公共场合分为__________、__________、__________。

3. 简答题

特定公共场所礼仪主要有哪几个方面?

任务二　仪表举止礼仪认知与实践

学习准备

1. 观看《周思敏仪表仪容礼仪篇,周思敏仪态礼仪篇》视频。
2. 查看职业正装着装要求的有关资料。
3. 准备女士套裙和男士西装,胸针、项链、手表、领带等。

理论认知

在职业人际交往中,人们首先是通过仪表举止开始互相认识的。对方往往会通过仪表举止来判断一个人的身份、地位、职业、个性、学识、兴趣、爱好等。仪表与举止的礼仪要点在于做到合乎"美观"的要求,具体包括卫生、干净、整洁、得体等。尤其在竞争日益激烈的社会氛围中,仪表举止礼仪显得尤为重要。

一、仪表礼仪

仪表礼仪包括服装、色彩、表情等,是一个人精神面貌的外观表现。仪表的自然和谐是指一个人的外在表现要符合其职业、年龄及所出席的场合,呈现出的这种自然和谐能给人以美感。在职业活动中职场人士形成良好的仪表举止礼仪,既有助于提高自身内在综合素质,又有助于职场交往。

(一)着装

着装能够体现一个人文化修养水平、审美情趣的雅俗。着装是一种视觉上的沟通,着装要讲究衣饰得体。

1. 着装原则

在公共场所或者职场,个人穿着不能随心所欲,穿什么、怎么穿要遵循"T、O、P"原则,即着装要与时间、地点和目的相符合。

具体来讲,着装不仅要大方得体,自然协调,而且要遵守某些约定俗成的准则及规范。着装既要与自身的实际条件保持一致,又要随时留意所在场合、客观环境对人的服装要求,即穿衣装扮首先考虑时间、地点及目的三大因素,并尽力在穿衣装扮等各方面与时间、地点及目的保持吻合。

2. 着装礼仪

社交场所尤其是职场着装讲究男女有别，一般来说，男士着装以西装为主，女士则以套裙为佳，不同工作场所还有工作制服。

（1）西装礼仪　西装要想穿出韵味要把握好西装着装的原则和规范，即穿西装讲究“三色原则”，遵守“三一定律”和了解“三大禁忌”。

（2）西装着装的规范　主要包括系扣子的规范、穿衬衫的学问和佩戴领带的艺术。

（3）套裙礼仪　套裙一般分为：“随意型”（即西式女上装任意与一条裙子搭配而成）；“标准型”或“成套型”（即西式女上装和裙子成套设计制作而成）。套装礼仪包括套装穿着规范和着装禁忌。

（4）制服礼仪　制服是从事职业工作的上班族的第二名片，是体现职业形象、展现职业精神风貌的特殊服装，有着明显的职业特征。制服着装要求整齐合身、干净整洁、挺括平整，尤其是在生产区、工作区、办公区及谈判区等不同工作场所穿着不同的制服要遵循不同的规范与要求。

3. 配饰礼仪

配饰是着装礼仪延伸的一种外在表现形式，具有一定的象征意义，它既是美的体现，又是无声的语言。

（1）佩戴原则　以少为佳、同质同色、符合身份。

（2）饰物佩戴　包括戒指、项链、首饰和手表等。

（二）色彩的搭配

暖色基调（如红、橙、黄等）给人以温和、华丽的感觉，冷色基调（如蓝、紫、绿等）则带给人清爽、恬静、友善，而中和色调（如黑、白、灰等）给人以谦和、庄重、可靠的感觉，是最受职场人士欢迎的工作装用色。对于装饰物色彩进行选择时，也应考虑到各色调的协调与着装者的肤色，选择适合的服装、饰物。正式场合以中和色调穿搭为主，年会等场合以暖色调穿搭为主。

服饰色彩——感官语言

白色—代表纯洁、明亮和高雅。

黑色—代表神秘、寂静而富有理性。

红色—代表炽热、奔放和富有激情。

粉红—代表柔和、温存和热情。

绿色—代表生命、新鲜和充满活力。

黄色—代表希望、明丽和富有朝气。

紫色—代表高贵、华丽和稳重。

橙色—代表快乐、热情和活波。

（三）表情

面部表情是人表达感情最丰富的呈现，是人类的第一语言，在人际交往中直接反映出人们内心的思想及情感，即人的喜、怒、哀、乐，其中目光和微笑最能体现礼仪的功能。

1. 微笑礼仪规范

微笑的美在于适度、雅致、自然、亲切，符合礼仪规范。微笑是最佳的沟通手段，是提升好感的捷径，职业人的工作从微笑开始；微笑的原则：一要把握时机；二要注意变化；三要控制时长。

微笑要出于诚恳、源于内心，做到“诚于中而形于外”，切忌强颜欢笑，假意奉承，勉强于“职业性微笑”。

2. 眼神礼仪规范

在职业交际中，要注意注视对方的时间、位置和讲究眼神的礼仪规范。

（1）注视的时间　与他人交谈时，切忌长时间注视对方。通常情况下，目光有50%时间注视对方，其余50%的时间注视对方面部之外5～10厘米范围。在职业交往中，无意与对方的目光相遇，不可立即移开，应该自然相视1～2秒之后缓缓离开。如与异性目光对视时，应不超过2秒，以防引起对方无端的猜疑。注视时间的长短应依据对象和场合的不同把握。

（2）注视的位置　场合不同注视位置有所不同。若在商业洽谈、公务谈判等场合，注视位置应在对方的额头和双眼所构成的三角区域；若在常见的职业社交场合，如舞会、酒会等场合，注视位置应在在对方双眼和嘴唇构成的三角区域；在亲人、恋人及家庭成员之间，注视位置在对方的双眼及胸部之间。

二、仪容

仪容是人的容貌，要求做到仪容端庄。修饰好个人仪容是打造个人职场形象的基础。仪容包括仪容整洁和仪容修饰。

（一）仪容整洁

仪容整洁包括头部清洁、面部清洁和体部清洁。

1. 头部清洁

清洁仪容要从头发做起，要适时梳整，不能有头皮屑；发式要朴素、大方，能够反映良好的个性。男士发型给人以舒适、整洁的感觉，以显示稳重、成熟。女士发型给人以清新、雅致的感觉，以显示精神、干练。

头发要遵循“三不”原则：不能有味、不能出绺、不能有头皮屑。总之，要“勤于清洗、勤于修剪、勤于梳理”，要依据自身的年龄、气质、体型、脸型、自身职业特点及个性选择相吻合的发型。

2. 面部清洁

人们应修饰面部，保持容光焕发、充满活力，给对方留下良好的印象。牙齿应保持“三三”原则，即每天三餐之后3分钟内应漱口。另外，确实做到出席正式社交场合之前不食用刺激性气味的食物，如臭豆腐、大蒜、韭菜等。男性还应注重鼻毛和胡须的修剪，以保持面部清洁，给人以美好的印象。

3. 体部清洁

体部清洁包括手部、足部和体毛等的清洁 。手部也能显现出人的素质与高雅。手应保持清洁，指甲经常修剪，长短适当，切不可留长指甲，通常不应涂有色指甲油。在职业场合，要保持指甲的适度修理。小指指甲留长、指甲染色过艳、当众剪指甲，这些都是不良的举止，应加以修正；同时还要养成勤洗脚、勤换袜和勤换鞋的习惯，避免出现异味，维护良好的职场形象；还要注意汗毛和腋毛的处理。

（二）仪容修饰

在人际交往中适度、适体的仪容修饰，可提升个人的精神状态，展现其礼仪素养。仪容修饰指的是通过化妆、发型、着装佩饰等手段，使形象得以美化提升。特别注意的是，仪容修饰要与自身的性别、年龄、体型、气质及职业身份等相适宜和相协调。

三、举止礼仪

举止是指一个行为人在特定场合的各种活动中，较稳定的礼仪行为。举止优雅是指在人际交往中用优雅的仪态来表达礼仪，比用语言能够给人更多美的感受，个人的性格、心理、感情、素养和气质正是通过一举一动表现出来的，通过相应的行为美，树立自己的职业形象。率真而不鲁莽，活泼而不轻浮，工作紧凑而不失节奏，休息放松而不懒散，在职业交往时有礼而不卑不亢，有仪而进退自如。

仪态礼仪

（一）站立礼仪——挺拔稳健

人站立时的姿势最能反映出体态特征。职业交往场合内的站姿，应该做到“站有站相”，保持站姿的优美与典雅。女士呈现优雅文静，男士则是挺拔刚劲。

1. 站立礼仪的要求

标准的站立姿势是：端庄、雅正，具有稳重性。处于站立姿态的人，从正面观看，应以鼻为点和地面做垂直线，人体两侧呈完全对称，表情自然庄重。

（1）侧放式站姿　身体直立，挺胸抬头，下颌微收，双目平视，嘴角微闭，双手自然垂直于身体两侧，中指贴于裤缝，双膝并拢，两腿绷直，脚跟靠紧，脚尖打开呈“V”形，呈45～60度，此为男女通用的站姿，适用于升旗或其他庄严肃穆的场合（图 3-2-1）。

图 3-2-1　**侧放式站姿**

（2）手背式站姿　身体直立，挺胸抬头，下颌微收，双目平视，嘴巴微闭，面带微笑，男性双脚平行打开，双脚间距不超过肩宽，通常以 20 厘米为宜，两手身后交叉，右手自然搭于左手，轻贴于臀部。此站姿只用于男性，常见于门童及保卫人员（图 3-2-2）。

（3）前腹式站姿　身体立直，抬头挺胸，下颌微收，双目平视，嘴角微闭，双脚平行分开，两脚间距离不超过肩宽，一般以 20 厘米为宜，双手手指自然并拢，右手搭在左手上，轻贴于腹部，不要挺腹或后仰。女士两脚尖略分开，两脚尖呈“V”形，或“Y”形（丁字步）双手自然并拢，如图

3-2-3 所示。

图 3-2-2　手背式站姿

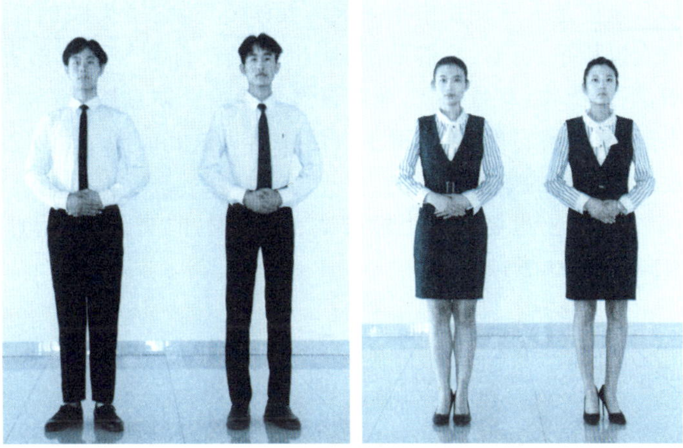
图 3-2-3　前腹式站姿

2. 防止不雅站姿

（1）上身　歪着脖子、斜着肩或一肩高一肩低、弓背、挺着腹、撅臀或身体依靠其他物体等。

（2）手脚　两腿弯曲、叉开很大或在一般情境中双手叉腰、双臂抱在胸前、两手插在口袋等。

（3）动作　搔头抓痒，摆弄衣带、发辫，咬指甲等。

（二）蹲坐礼仪——优雅大方

1. 蹲姿礼仪的要求

蹲姿一般以下列两种为宜：

（1）高低式蹲姿　下蹲时左脚在前，右脚靠后，双腿靠紧向下蹲。左侧全脚着地，小腿基本垂直于地面，右侧脚跟提起，脚掌着地。右膝低于左膝，右膝内侧靠于左侧小腿内侧，形成左膝高右膝低的姿势，臀部向下，基本上靠一只腿支撑身体（图 3-2-4）。

（2）交叉式蹲姿　交叉式蹲姿。下蹲时，右脚在前，左脚在后，右侧小腿基本垂直于地面，全脚着地，左腿在后与右腿交叉重叠，左膝由后面伸向右侧，左脚跟抬起，脚掌着地，两腿前后靠紧，合力支撑身体。臀部向下，上身稍前倾（图 3-2-5）。

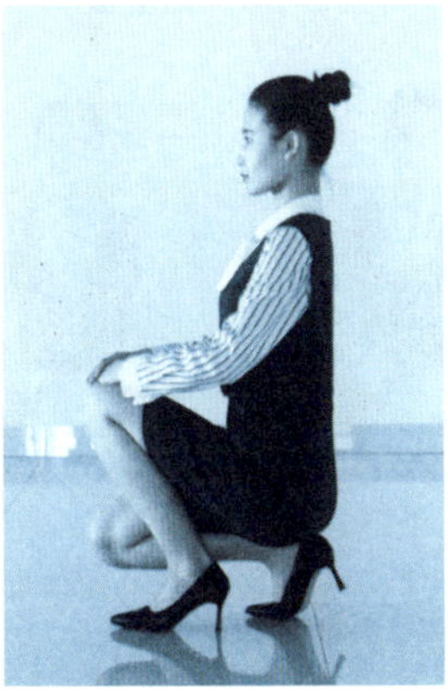
图 3-2-4　高低式蹲姿

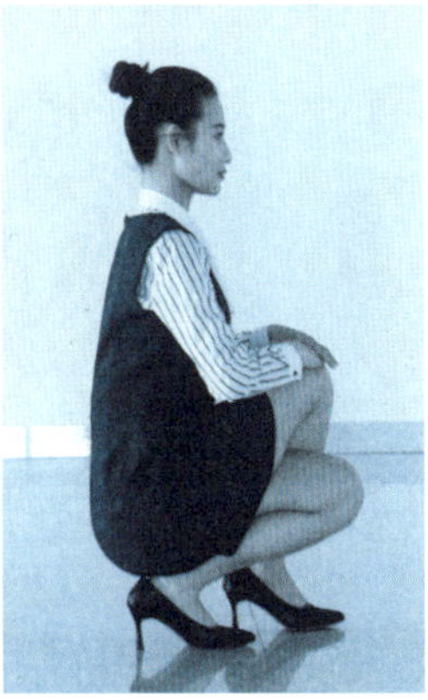
图 3-2-5　交叉式蹲姿

2. 坐姿礼仪的要求

坐姿是人际交往中很关键的人体姿态，它所反映的信息量异常丰富。坐姿端庄、文雅，既给人以稳重、沉着、冷静的感觉，也是表现自身气质和修养的重要形式。入座后头正、嘴巴微闭，下颌微收，双目平视，面容自然平和。上体自然挺直，两膝自然并拢，两腿自然弯曲，两肩平整放松，两臂自然弯曲，两手自然放在两腿上或椅子、沙发扶手上，掌心向下。或者双手叠放，放在一条腿的中前部。

(1)女士坐姿　分为标准式、侧点式、前交叉式、后点式、曲直式、侧挂式、重叠式。如图3-2-6至图3-2-12所示。

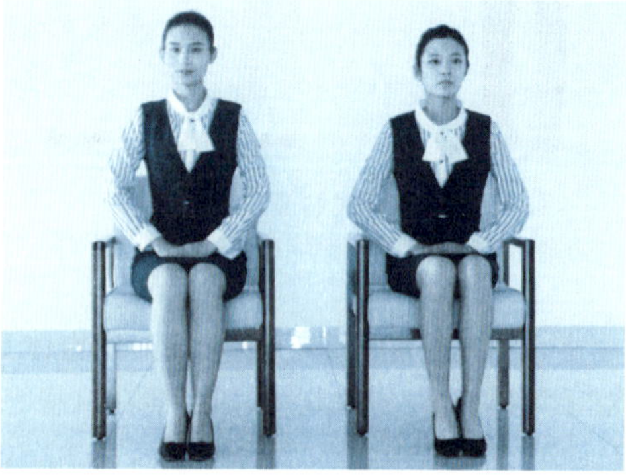

图 3-2-6　标准式

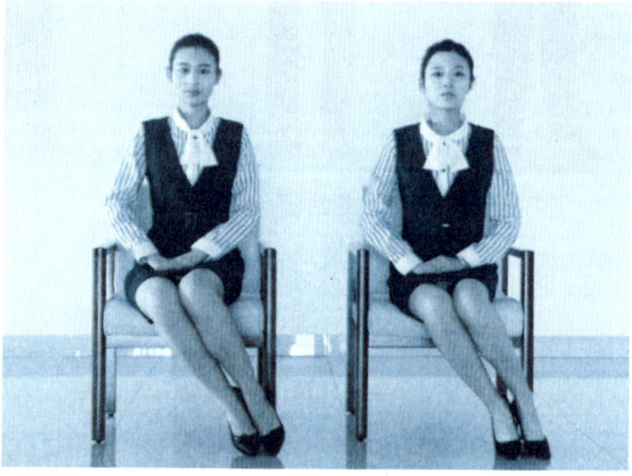

图 3-2-7　侧点式

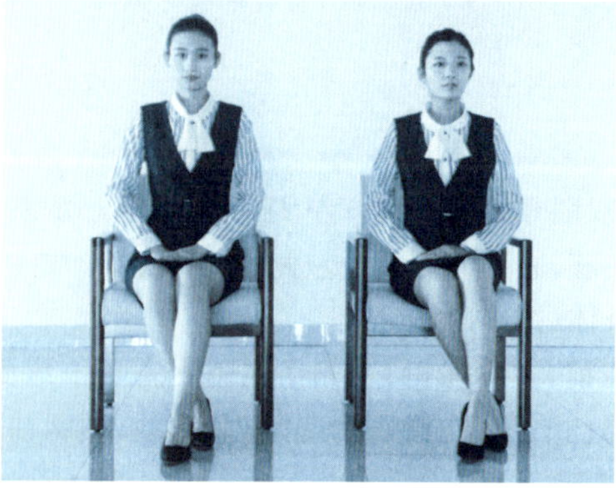

图 3-2-8　前交叉式

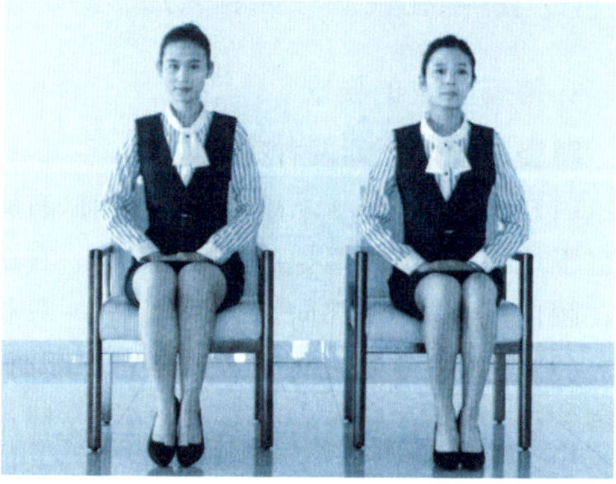

图 3-2-9　后点式

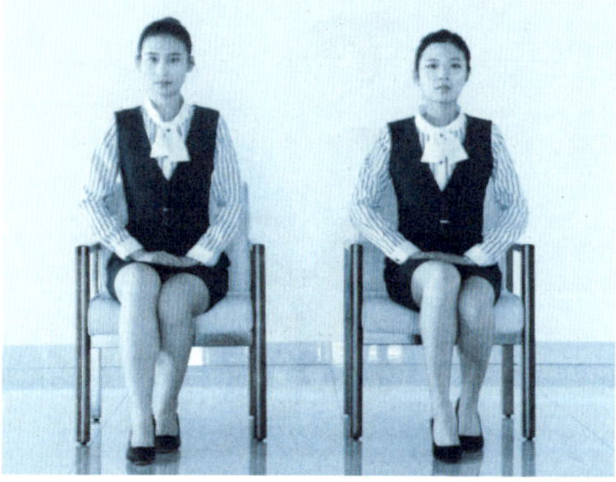

图 3-2-10　曲直式

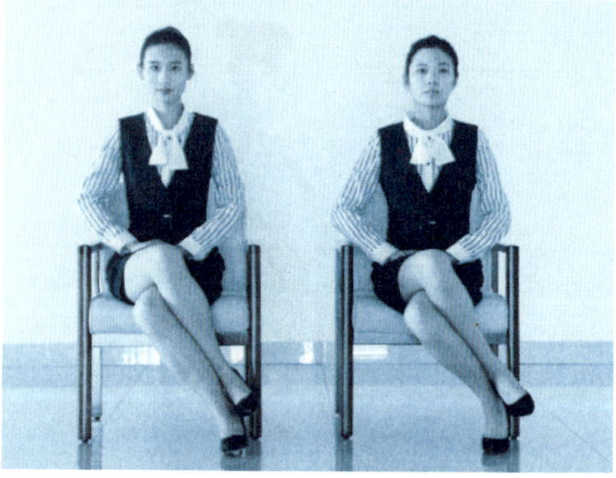

图 3-2-11　侧挂式

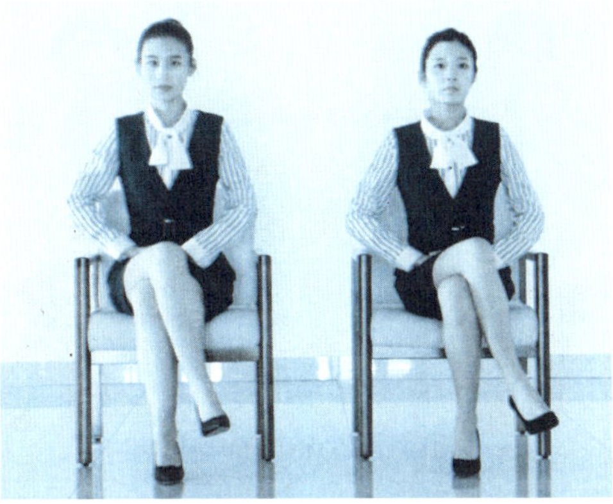

图 3-2-12　重叠式

（2）男士坐姿　分为标准式、前伸式、前交叉式 、交叉后点式、曲直式、重叠式。如图 3-2-13 至 3-2-18 所示 。

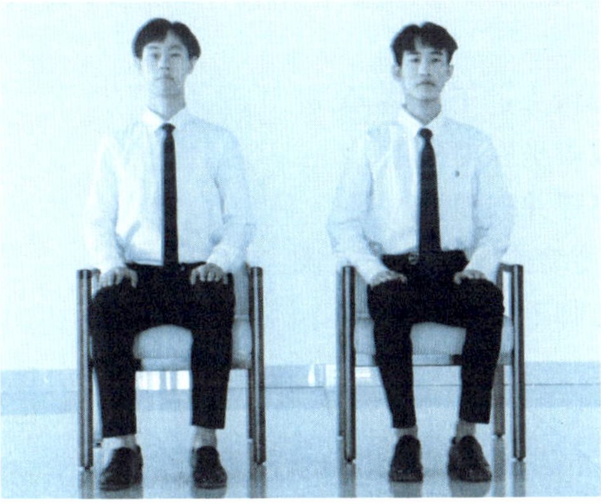

图 3-2-13　标准式

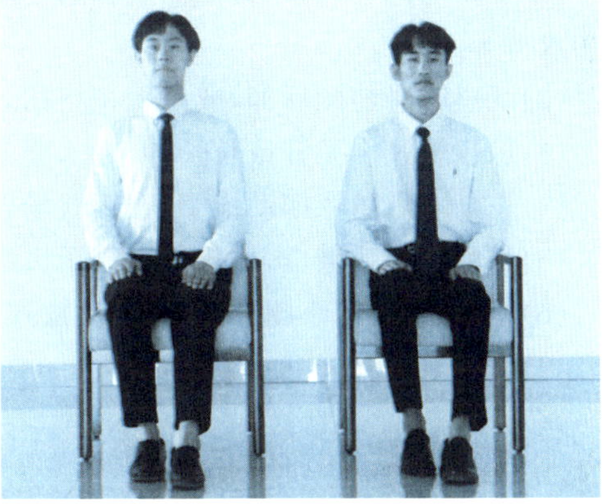

图 3-2-14　前伸式

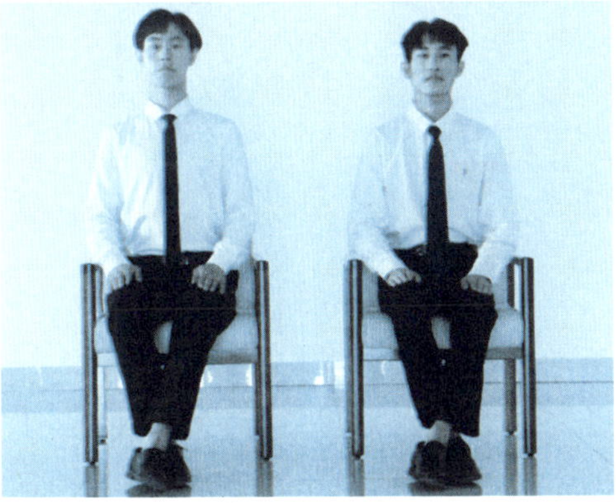

图 3-2-15　前交叉式

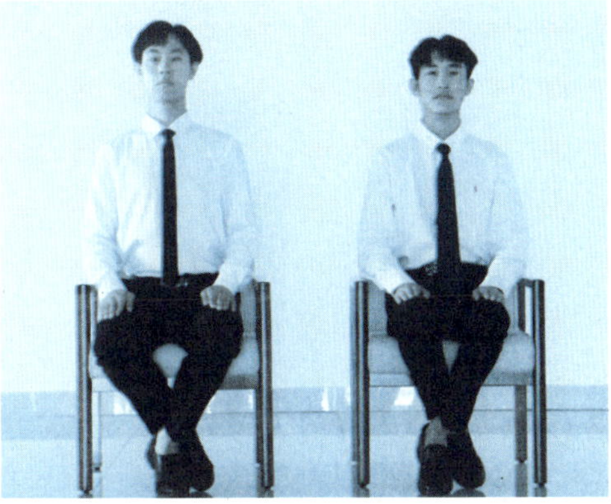

图 3-2-16　交叉后点式

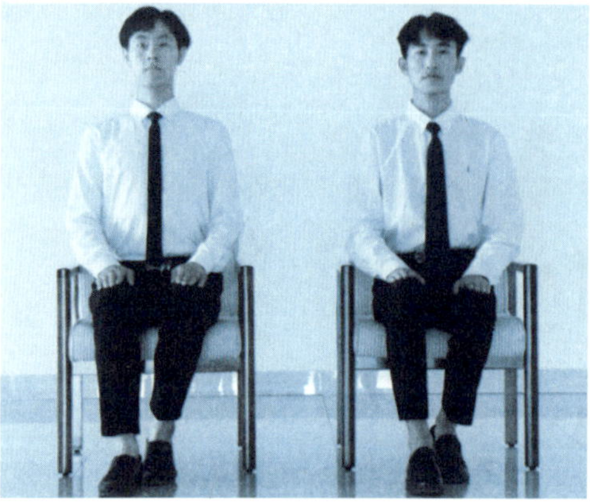

图 3-2-17 曲直式

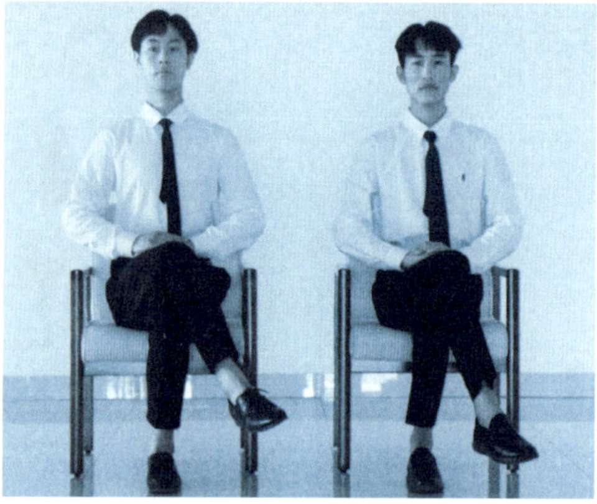

图 3-2-18 重叠式

3. 要避免的几种不良蹲姿及坐姿

(1)下蹲时忌有弯腰、臀部向后撅起的动作;忌双腿叉开,双腿展开平衡下蹲;忌下蹲时暴露内衣裤等。

(2)就座时忌前倾后仰,或是歪歪扭扭,脊背弯曲,头过于前倾,耸肩。

(3)忌双腿过于叉开或长长伸出去,萎靡不振地瘫坐在椅子上。

(4)忌坐下后随意挪动椅子,在正式场合跷二郎腿并摇腿。

(5)忌为了表达谦虚,故意坐在椅子边缘,身体萎缩前倾地与人交谈。

(6)忌大腿合拢,小腿分开,或两手放在臀下,腿脚不停地颤动。

(三)行走礼仪——自然精神

1. 行走礼仪的要求

要求行走时上身直立,双肩平稳,目光平视,下颌微收,面带微笑。

(1)标准步　具体要求为头正、肩平、躯挺、步位直、步幅适度、步速平稳。如图 3-2-19 所示。

图 3-2-19 标准步

(2)后退步　向他人辞别时,应该先向后退两三步,然后转身离开。退步时,脚应轻擦地面,不能高抬小腿,后退的步幅应小。转体时要先转动身体,头部稍候再转。如图 3-2-20 所示。

(3)侧身步　若需要走在前面引导来宾，则尽量走在宾客的左前方。髋部朝向前行的方向，上身稍向右转身，左肩稍前，右肩稍后，侧身向着来宾，与来宾保持两三步的距离。如图3-2-21所示。

图 3-2-20　**后退步**

图 3-2-21　**侧身步**

2. 注意矫正不雅的走姿

应避免出现以下几种不正确的走姿。

(1)内八字和外八字。

(2)弯腰驼背，歪肩晃膀。

(3)走路不庄重，过于随意，左摇右摆、扭腰摆臀。

(4)双腿过于弯曲或走曲线。

(5)步伐过小或过大，脚蹭地面，双手插于裤兜行走。

(6)男性走姿像小脚女人似的一步一挪；或悠然自得迈着八字步，给人以萎靡不振的感觉。

(四)手势礼仪——简单达意

1. 手势礼仪的要求

手势要求规范、准确、适度。如介绍时，手势动作应该文雅。不管介绍哪一方，均应手心朝上，手背朝下，掌心都应与地面呈45度，手指自然并拢，上身稍微向前倾15度，以表示尊重；手势与语言表达要一致，要符合表达对象的身份，符合表达的场合。手势的表达，要让别人看得明白。如打招呼、鼓掌、致意、告别等均要注意力度大小，速度的快缓，时间的长短。

(1)引领常用手势 主要有以下4种。

①“横摆式”手势　在职业交往过程中，引导客户、接待宾客一定要注意自己的言谈举止。在职场交往过程中，首先礼貌表达“您请”之后，可以选用“横摆式”手势，即五指并拢伸直，掌心向上，右手从腹前抬起向右上摆至身体右前方，头部及上躯向伸出手的一侧微微倾斜，另一手则下垂或放于背后，面带微笑注视宾客。如图3-2-22所示。

②“直臂式”手势　在遇到指引方向的情况时，我们可以采用“直臂式”手势，五指并拢伸直，掌心斜向上方，与肩同高时停止，肘关节基本伸直。在做这一手势时，身躯要向来宾方向稍做倾斜，目光要兼顾宾客与所指引方向。如图3-2-23所示。

③“斜摆式”手势　在接待宾客并请其入座时，常常采用“斜摆式”手势，即用双手固定椅背并将椅子拉出，然后左手或右手屈臂由前抬起，使手臂向下成一斜线，表示请来宾入座。如图

3-2-24 所示。

图 3-2-22 **横摆式**

图 3-2-23 **直臂式**

图 3-2-24 **斜摆式**

④“双臂横摆式”手势　当宾客众多时，可以用大一些的动作表示“请”，常常采用“双臂横摆式”手势。此手势分为两种情况：首先双臂从身体两侧向前上方抬起，双肘稍曲，分别向两侧摆出。另一种情况是双臂向同一侧方向抬起，伸向前方的一侧手臂应该稍抬高一点，适当伸直，另一手臂略低一点。如图 3-2-25 所示。

图 3-2-25 **双臂横摆式**

（2）其他手势　有以下两种。

①鼓掌　鼓掌时，一般要两臂抬起，用右手掌轻轻拍打左手掌，频率要一致，节奏要平稳，长短应适宜，以表达欢迎或喝彩。

②递接物品　递接物品时应以双手为宜或至少用右手交递于手中，主动走近对方，若为坐姿，应立刻起身站立以方便接拿。

2. 应当避免的手势

（1）手势不应过于重复、单调。

（2）无论任何情况，禁用自己的食指指向对方的鼻尖，切忌用手比划对方。

(3)在交际过程中,严禁用让人反感的手势影响自我形象。例如当众挠头皮、抠鼻子、掏耳朵、咬指甲等。

(五)鞠躬礼仪——谦恭友好

1. 鞠躬礼仪的要求

受礼者与行礼者应首先相互注目;鞠躬时不可戴帽,如果需要摘掉帽子,摘帽用手与行礼之手相反,受礼者和行礼者要间距 2 米左右;鞠躬时,头部、肩部、上躯干部向前倾斜 15～90 度,鞠躬角度的大小依据鞠躬者对受礼者的尊重程度来定;两手应该在鞠躬时自然下垂放于身体两侧,也可把双手交叉相握放在体前,鞠躬同时可以附带慰问性语言,如“您好”等。行礼结束后恢复立正姿势。

在职场交往过程中,根据场合与对象的不同,选择不同角度的鞠躬,从小到大分别为 15 度、45 度、90 度。如图 3-2-26 所示。

(1)小角度鞠躬(15 度)　通常适用于一般的职业交往场合,例如互致问候、礼貌让座、相互介绍,礼节性握手等。

(2)中角度鞠躬(45 度)　通常适用于晚辈向长辈,下级向上级,学生向老师表示诚挚的情感或服务人员向宾客表示敬意等。

(3)大角度鞠躬(90 度)　此角度被认为是最高礼节。此角度鞠躬的使用需要慎重,要依据场合、人物、情感来定。

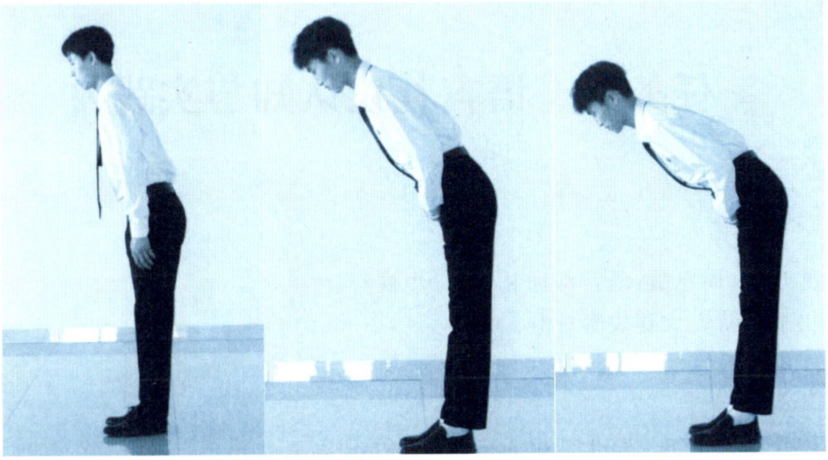

图 3-2-26　鞠躬

2. 鞠躬时注意事项

(1)鞠躬时应态度谦和,绝不能边鞠躬边翻眼注视对方,否则会让人感觉不够尊重。

(2)鞠躬完毕恢复立正姿势时,视线不能立即转移至别处,否则让人感觉不够真诚。

(3)行鞠躬礼仪时,嘴中不可以嚼食物或叼着香烟,否则让人感觉很不礼貌。

学习实践

情　景

模拟某大学举行奖学金发放仪式,角色分为颁奖老师、引导礼仪、领奖学生和观众。

实践要求：1.颁奖老师由引导礼仪引领上台就坐。
2.引导礼仪引导领奖学生上台领奖。
3.模拟场景，掌握举止礼仪。
4.分组模拟角色，互换练习，互相点评。

思考练习

1.名词解释

仪表　　仪容　　举止

2.填空题

(1)蹲姿分为____________、____________。

(2)手势含义包括______、______、______、______、______、______等。

(3)正确认识鞠躬的度数，从小到大分别为______、______、______度鞠躬。

3.简答题

(1)仪表礼仪的具体要求有哪几个方面？

(2)仪容礼仪的具体要求有哪几个方面？

(3)男士、女士的站姿基本要求有哪些？

任务三　语言礼仪认知与实践

学习准备

1.查找并观看《周思敏：语言沟通礼仪篇》短视频。
2.查看央视主持人大赛决赛视频。

理论认知

语言礼仪是在日常工作与生活里人们用礼貌的语言表达思想、交流情感、沟通信息的规范性的表达方式，是自身最为重要的交际工具。在社会交往中“言由心生”，人的思想、品德、情操、文化素养、人生观、价值观和世界观等都可以通过语言来表达。要想在职场上游刃有余、应对自如，就应该懂得语言的沟通技巧和艺术，做到“言谈有礼”。

语言礼仪的要求，包括态度、语言、内容及方式等4个方面。

一、态度

交谈时的态度，应体现谨慎谦虚、以诚相待；切忌虚情假意、逢场作戏、敷衍了事。

1.表情自然

交谈时应当目光专注，可注视对方或凝神思考；也可以适当运用五官(眉毛、嘴、眼睛)的变化来表达自己的态度；呈现的表情也应符合说话主题的内容。

2. 礼貌语言

与他人谈话，最佳的谈话音量为能让交谈对象听清楚即可；语速应保持相对的稳定；最佳的语态是热情友好、自然舒适，语气平和，态度和蔼，待人平等，多用尊称，并善于运用一些约定俗成的礼貌用语进行文明交谈。

3. 遵守惯例

交谈时经常可以通过某些细节来表达自己的谈话态度，对于这些细节问题的处理必须要遵守的某些既成惯例，如注意倾听，谨慎插话，重视交流，委婉表达。

二、语言

语言运用是否合适准确，会直接影响到谈话能否顺利进行。因此，在交谈中必须要注意语言的运用。

1. 通俗易懂

谈话内容力求通俗易懂，以便沟通交流。讲普通话、明白话、通俗话，尽量避免语言枯燥无味，谈话时应考虑谈话对方的学历、职业、爱好等因素，恰当用语，努力达到具体形象、鲜明生动的效果。

2. 掌握口语

在与对方进行交谈时，对表达的口语性内容和形式进行适当调整，机动灵活，简明扼要，表达内容含义清晰，切不可产生歧义，以免产生误会。

三、内容

1. 要切合语境

第一，谈话内容必须符合交谈场合、地点及时间；第二，谈话内容必须符合自己的身份，发表意见要与单位、领导保持一致，并且不可泄露本单位的商业机密。

2. 要因人而异

交谈时要根据不同的谈话对象选择不同的谈话内容。谈话作为一种沟通方式，应考虑对方的年龄、性别、民族、性格、阅历、职业及地位等来选择适宜的话题。

3. 要注意禁忌

谈话期间，应当把握好“度”。交谈时注意克制态度，既不能一言不发，也不能滔滔不绝，不能涉及对方弱点与短处，以免引起对方的不快；慎重斟酌交谈内容，切不可对单位及领导横加非议，务必时刻维护单位的声誉；更不能涉及对方单位的内部事务和对方的弱点与短处。

四、方式

谈话过程中，不仅要注意具体内容，还要注意表达方式。根据情况不同，可采取以下 6 种谈话方式。

1. 扩展式

指交谈双方就某些共同关心的问题进行由此及彼、由表及里、由浅入深的讨论。

2. 评判式

指在谈话过程中充分听取对方的看法之后，在适当时刻以适当的方式、方法，恰如其分地进行插话，来发表自己对此问题的主要看法。

3. 倾泻式

指在谈话过程将自己的想法毫无保留地倾诉给对方，即人们常说的“打开天窗说亮话”。

4. 静听式

指与别人进行谈话时，自己主要是洗耳恭听。

5. 启发式

指谈话中，善于语言表达的一方主动引导另一方，在谈论话题的选择、谈话的走向上引导对方，给予支持和鼓励，帮助对方采用恰当的方法来阐述自己的见解和主张。

6. 跳跃式

指谈话中由于某一话题无人响应，为避免谈话双方感觉尴尬，或者谈话过程冷场，放弃原来讨论的话题，而跳转另一个大家可能更感兴趣的话题。

学习实践

情　景

小张是某电视台的主持人，他在对获得当年“最美教师”荣誉称号的老师进行采访。

实践要求：1. 分组准备采访稿。

2. 模拟采访情景。

3. 体会语言礼仪的具体要求。

4. 分组模拟角色互换练习，互相点评。

思考练习

1. 名词解释

语言礼仪

2. 填空题

（1）谈话的方式包括________、________、________、________、________、________。

（2）交谈内容的选择，应遵守__________、__________、__________原则。

3. 简答题

语言礼仪的基本常识包括哪些内容？

任务四　情景模拟实践

学习准备

一、实训目标

1. 考察学生对仪表举止礼仪、语言礼仪的理解和掌握。

2. 帮助学生在工作中规范使用仪表礼仪、仪容礼仪、举止礼仪、称呼礼仪、介绍礼仪及交谈礼仪。

3. 能够熟练运用职业礼仪规范为客户提供优质服务。

4. 能够运用职业礼仪灵活应对客户需求。

二、场景设计

诚信公司为一家布匹生产商，凯琳公司是一家知名服装制造企业。诚信公司希望能成为凯琳公司服装原料的长期供应商，通过电话预约，凯琳公司要到诚信公司考察洽谈。

场景一　机场见面

角色饰演：凯琳公司林总经理，马助理；诚信公司吴总经理，李助理，职员小张和小王。

场景二　会议室洽谈

角色饰演：凯琳公司林总经理，马助理；诚信公司吴总经理，李助理，职员小张和小王。

三、实训步骤

1. 组建模拟演练小组。

2. 各小组设计情节内容，并形成文字作为剧本。故事情节合理，体现不同职业礼仪要求，每位同学都要担任一定角色，表演时间 3～5 分钟。

3. 模拟演练：小组成员布置场景；各位组员自我介绍及说明担任的角色；进入情景模拟。

4. 其他各组认真观看、记录，互相点评。

5. 拍摄记录：由其他组负责拍摄记录，留存资料，便于教师点评。

6. 教师点评，根据评价表（表 3-4-1）给出小组成绩。

7. 每名同学撰写一份情景模拟演练的实训报告（表 3-4-2）。

四、效果评价

表 3-4-1 情景模拟评价表

序号	评价要点	分值	评价说明	得分
1	情节设计	10	情节合理，紧凑	
2	仪容	10	符合职业要求，女生化淡妆，男生仪表整洁卫生	
3	仪表	10	着装得体，职业装穿着规范	
4	仪态	10	坐立行走规范、动作熟练	
5	表情	10	表情自然，微笑和眼神的运用得当	
6	语言表达	10	清晰流畅，交流自然，用语文明、准确、恰当	
7	专业表现	10	体现一定的礼仪规范	
8	表演熟练程度	10	表演衔接顺畅	
9	团队合作	10	角色分配合理，配合默契	
10	整体评价	10	情景模拟整体效果	
总分				

表 3-4-2 情景模拟演练实训报告

班级		学号		姓名		成绩	
模拟演练主题							
实训目的							
实训背景							
实训要求							

续表 3-4-2

实训心得	
实训评价	（指导教师填写） 教师签名：

项目评价反馈

一、小组评价

序号	评价项目	评价情况
1	与其他同学口头交流学习内容是否流畅	☆☆☆☆☆
2	是否尊重他人	☆☆☆☆☆
3	学习态度是否积极主动	☆☆☆☆☆
4	是否服从教师的教学安排	☆☆☆☆☆
5	着装是否符合标准	☆☆☆☆☆
6	是否能保持学习环境的干净整洁	☆☆☆☆☆
7	是否遵守学习场所的规章制度	☆☆☆☆☆
8	是否有工作岗位的责任心	☆☆☆☆☆
9	是否达到全勤	☆☆☆☆☆
10	团队学习中主动与合作的情况如何	☆☆☆☆☆
11	能否主动参与教学场所的清洁和整理工作	☆☆☆☆☆

参与评价的同学签名________________

二、教师评价

1. 对实践操作的点评________________

2. 对学习过程的总体评价________________

教师签名________________

三、学生评价

1. 对教师授课效果的评价________________

2. 对学习效果的评价________________

学生签名________________

项目四

公务礼仪认知与实践

学习目标

1. 了解公务礼仪、办公礼仪、公务接待的概念、作用及规则。
2. 掌握办公、公务接待的基本礼仪知识。
3. 掌握办公礼仪的技巧。
4. 能够正确实施公务接待的各项流程及标准。

任务描述

本项目分为认知公务礼仪、办公礼仪、公务接待礼仪三项任务，通过学习本项目各任务，了解公务、办公、公务接待的基本礼仪，明确公务礼仪的基本技巧，掌握办公礼仪及公务接待礼仪技能，提升职业素养。

内容结构

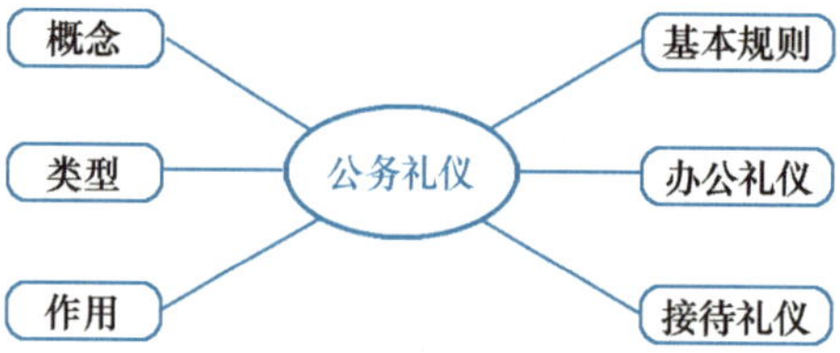

成语话礼

礼贤下士

礼贤下士成语出自《新唐书·李勉传》："其在朝廷；鲠亮谦介；为宗臣表；礼贤下士有始终；尝引李巡、张参在幕府。"礼贤下士现用来指有地位的人能够敬重有德有才的人，对其以礼相待。

任务一　公务礼仪认知

学习准备

1. 通过上网查资料初步认知公务礼仪知识。
2. 观看电影《开国大典》。
3. 上网查看《党政机关国内公务接待管理规定》。

理论认知

一、公务礼仪的概念

(一)公务

公务,就是公共的事务、责任,即国家或集体的相关事务职责。广义上指国家各种党政部门、国有企业、事业单位、社会公益团体以及因公所举办的各项事业和交际活动;狭义上指国家机关的事务性工作。本项目所涉及的内容皆为狭义的公务。

(二)公务礼仪

公务礼仪又称政务礼仪,它源于国家和各级国家机关的法令制度条文以及日常生活中约定俗成的行为惯例。一般是指国家公务人员在进行公务活动或管理工作中,必须遵循的合乎规定、约定俗成的礼仪规则、程序以及惯例等。公务活动中需要遵循“公事公办”“照章办事”的基础原则,这在某种程度上影响了人与人相互之间的思想感情沟通和心理交流,加之职务不同、角色冲突以及利益关系的不同,人际关系相对比较复杂。

(三)公务礼仪的主体

作为公务活动的主体,公务员是我国政府公务部门联系人民群众的重要纽带和桥梁,是国家政策执行的具体落实人,是人民心声的代言人,是社会形象大使。其素质的高低直接关系到党和政府政策的贯彻、落实以及为公众服务的质量,从而影响到国家政府机关的高效运转。因此,公务员的行为需要遵循相关的礼仪准则,以增强工作业绩、提高办事效率、促进人际交往关系。公务礼仪要求公务人员在公务礼仪原则指导下,把握公务活动过程中特殊的礼仪规范,提高公务活动的效率,维护国家行政机关和个人的形象。

二、公务礼仪的类型

机关公务人员所负责的具体事务不尽相同,但就其本质来讲,都不可避免要与他人打交道。按照公务礼仪的性质,可将公务礼仪分为:公务接待礼仪和办公礼仪。按照公务礼仪的对象又可分为:内部礼仪和外部礼仪。

(一)内部礼仪

国家机关公务人员,首先要在单位部门内解决好各种内部人际关系。进行对内交际时,国家机关的公务人员都必须讲究团结,严于律己,宽以待人,妥善处理好各种不同性质的内部人际关系。

1. 与上级的礼仪

机关公务员在工作中和上级进行相处时要注意:尊敬和支持上级、服从上级领导;恪守本分,不卑不亢;维护上级的威信,体谅上级。

2. 与下级的礼仪

在与下级交际过程中，不可居高临下。要“虚怀若谷”“礼贤下士”，尊重下级的人格；既要关注下级，鼓励下级的工作；更要体谅下级，重视双方的沟通。

3. 与平级的礼仪

对于平级同事之间的人际关系，也不可有丝毫疏忽。与同事打交道时，要彼此团结，求同存异；要相互配合，不互相挖墙脚；要相互勉励，不讽刺挖苦。

(二)外部礼仪

无论因公还是因私，机关公务员都有大量机会与外界人士进行交往应酬。与外界人士交往或相处时，机关公务员既要与人为善，广结善缘，努力扩大自己的交际面，又要不忘维护政府形象与个人形象，检点自己的举止行为，不失自己的身份。进行下列两种常见的外部交往时，尤其需要处处警醒自己。

1. 与群众的礼仪

同群众直接打交道时，机关公务人员既要牢记自己的身份，又不能过于强调自己的身份；既要具备强烈的为群众服务的意识，又不能时时以施舍者的身份自居。为人民群众服务时要做到以下 4 点：①要热情服务，不容许对人民群众的利益漠不关注；②要待人热忱，不容许对人民群众冷言冷语；③要一视同仁，不容许对人民群众亲疏有别；④要不厌其烦，不容许对人民群众没有耐性。

2. 与社会的礼仪

国家机关公职人员在大多情况下都不可避免地要与社会各界人士进行交往。与社会各界人士沟通与交流时，要做到下列 5 点：①要广交好友，避免拉帮结派；②要公私有别，避免假公济私；③要把握分寸，避免表现失当；④要正视权利，避免权钱交换；⑤要远离财色，避免腐蚀变质。

三、公务礼仪的作用

(一)有助于规范公务活动

机关公务人员根据礼仪规范可高效率地履行国家赋予的公务职责。

(二)有效促进沟通与交往

机关公务人员恰当的礼仪行为，可以达到快速高效的沟通交流效果，拉近与他人间的心理距离，从而提升处理人际关系的能力。

(三)有利于塑造个人形象

礼仪不但可以矫正公务人员的不良行为与习性，还能够陶冶情操、提升生活品位、净化心灵。

(四)有利于提升组织形象

公务礼仪要讲究规矩的根本原因在于进行礼仪交际活动时,个人一言一行都代表着集体,个人是所在单位乃至部门的形象代表。在公务活动中通过讲究礼仪,有助于提高单位在公民中的社会声誉,在公民心目中塑造出良好的单位形象,从而促进目标活动的顺利施行。

四、公务礼仪的基本规则

(一)语言文明

语言文明,要求国家机关的政府公务工作人员在运用语言时,必须要文明当先,以体现出公务人员优秀的人文素质。要求有以下 3 点。

1. 讲普通话

国家政府机关公务工作人员运用普通话进行交流,不但反映其较高的文明程度,也有助于对外交流。《中华人民共和国宪法》规定:“国家推广全国通用的普通话。”国家机关的公务人员在这一点上应身体力行。除了面向外国友人、少数民族人士或个别不懂普通话的人士以外,机关公务员最好都要讲普通话,尽可能不说方言、土语。

2. 检点语气

语气,即人们讲话时的口气。它直接表达了说话者的情绪,是语言表达的有机组成部分。和他人交流时,尤其是在面向广大人民群众的公众场合,政府机关公务人员更要检点自己的语气,显得热情、亲切、和谐、亲切、耐心。无论何种情况下,都不能出现傲慢、急躁、生硬、嘲讽、轻慢的语气。

3. 用词文雅

在日常交谈中,机关公务人员需努力做到用词文雅。用词文雅化,并不是规定机关公职人员在交流时咬文嚼字,脱离实际,而是要注意回避使用一些有伤风化的不雅之词。即不允许机关公务人员在日常交谈中,尤其是在公务交谈中讲粗话、说脏话,更不可以讲怪话、讲黑话、讲黄话。

(二)语言礼貌

语言礼貌是机关公务员所应具备的基本礼仪修养。具体而言,它要求机关公务员在日常交谈中主动使用约定俗成的礼貌用语,以示对交往对象的尊重友好。一般而言,机关公务员所使用的基本礼貌用语主要有以下 5 种。

1. 问候语

代表性词汇是“你好”。不论是接听电话、路遇他人,又或是接待来宾,都应该主动使用问候语,不然便会显得目中无人,傲慢无礼。

2. 请托语

代表性词汇是“请”。在要求别人帮助、协助和委托别人代劳时,应当使用到这一专用词。如果没用到它,便会给人命令的感觉,让人很难以接受。

3. 感谢语

代表性词汇是“谢谢”。使用感谢语，是在向对方表达感激、表示好意。获得帮助、得到支持、获得理解，又或是婉拒其他人时，都要通过此语向对方主动表达谢意。

4. 道歉语

代表性词汇是“对不起”或“抱歉”。在日常生活或工作中，因某种原因而给别人造成麻烦，或干扰、妨碍到对方工作，或不能充分满足对方的需求时，都应该适时使用此语向对方表达自己的歉意，以期得到对方的谅解。

5. 道别语

代表性词汇是“再见”。与他人告别之际，主动使用此语，是对对方尊敬和惜别之意的常规性表达，同时也是一种社交惯例。

（三）行为规范

在日常工作中，机关公职人员必须努力做到忠于职守，勤于政务，爱岗敬业，使自身行为同国家公职人员的光荣称号相匹配。需要做到以下 3 点。

1. 具有岗位意识

所谓的岗位意识，是指机关公务人员既要严守工作岗位，又要热爱本职工作。在工作岗位上要一心一意，不可一心二用，甚至脱岗，要干一行爱一行，全心全意地做好本职工作。

2. 具有责任意识

所谓责任意识，是对岗位意识的引申，主要是指机关公务人员在实际岗位上应具备高度的责任感，在遇到问题时不但要区分岗位职责，更要积极负责，尽职尽责，不允许敷衍了事，得过且过。

3. 具有时间意识

所谓时间意识，是机关公务员岗位意识与责任意识的直接体现。主要是规定机关公务人员在具体工作中要保证身到心到，自觉遵守法定工作时间，每日按时通勤交通，不迟到早退，不怠工、旷工、磨洋工。

五、公务礼仪的岗位原则

在社会活动中，将公务礼仪运用于人与人的交往中时，除了应遵循公务礼仪的基本要求外，还应结合政府行政工作的特点，遵循以下几个主要原则。

（一）自律的原则

公务人员在贯彻实施公务礼仪时，第一准则就是自律。自律是指自己不但要学习掌握礼仪，更要以礼仪规范自己的人际交往。要人前人后始终如一，无论何种情况下，都要保持一致。

（二）待人以诚的原则

作为公务人员，绝不可以口是心非，表面上微笑，口中讲礼貌用语，但在实际行动中不兑现，欺骗人民群众。待人以诚的准则，要求所有公务人员在行政活动中都要讲礼貌、讲道德，全心全意地为人民服务。公务人员要成为合格的勤务员，就要一丝不苟地严格遵守行为规范待人以诚。

(三)礼宾顺序原则

从礼仪上看,按照活动参加人员的身份和应有的礼宾次序排列顺序是保证活动有序进行的必要条件,是一项非常严肃且复杂微妙的工作。按照相应的缘由来安排顺序是为了保证程序顺利地进行,以示尊者优先的规则。

学习实践

情　景

按照《党政机关国内公务接待管理规定》,A市财政局要接待B市财政局5人业务学习交流团。

实践要求:1.学生分组进行头脑风暴,设计接待方案。

2.小组角色互换模拟演练。

思考练习

1.名词解释

公务礼仪

2.简答题

1.公务礼仪的作用有哪些?

2.公务礼仪的类型划分有哪些?

3.公务礼仪的原则有哪些?

任务二　办公礼仪认知与实践

学习准备

1.查找公文的范本。

2.扫码观看视频,了解办公礼仪。

理论认知

一、公文礼仪

公务员日常工作中主要的项目之一便是公文处理,其作用在于推动国家行政机关工作的有效运行,并辅助上级领导实现科学管理与公正决策。准确、安全、高效地处理公文,是对公务员的基本职业素养要求。

(一)公文

公文一般指行政机关、社会团体和企事业单位在行政管理活动或处理公务活动中产生的，按照严格的、法定的生效程序和规范的格式制定的具有传递信息和记录作用的载体文件。

公文有广义与狭义之分。狭义的公文专指党和国家机关各自正式规定的文种。主要有命令、决议、决定、指示、意见、通知、通报、公报(告)、报告、议案、请示、批复、条例、规定、函、会议纪要等。广义的公文指党政机关、社会团体、企事业单位为处理公务而形成的文字材料，这种公文涵盖了全部通用公文和专用公文，泛指党政机关常用应用文，一般称为事务文书。

(二)公文礼仪

公文礼仪是用于公务礼仪交往，针对性高、实用性较强的文体礼仪。其使用范围广泛，涵盖到生活、工作、交际的各个方面，熟悉及掌握其写作要领就显得尤为重要。

1. 上行文礼仪

上行文是指党政机关或者社区组织中的下级组织向上级机关汇报工作、反映问题、提出主张和建议、答复上级机关询问的公文。如报告、请示。

范例：

关于＿＿＿＿＿＿的请示

领导：

＿＿

＿＿。

特此请示，请予批准。

＿＿＿＿＿＿单位＿＿处

＿＿年＿＿月＿＿日

2. 平行文礼仪

平行文是向同级机关或不相隶属的机关、单位递送的文件，即函，又叫公函。公函具有较完整的公文格式，用于商洽、询问、答复工作中比较重要的问题或请求主管部门批准某些事宜。

范例：

＿＿＿＿市人民政府关于在人民路＿＿＿＿自由市场建立交桥的函

＿＿＿＿＿＿委员会：

人民路＿＿＿＿自由市场，位于我市＿＿＿区。拟建立交桥一座，以适应当地交通及生活需要。可否盼复。

＿＿＿＿＿市人民政府

＿＿年＿＿月＿＿日

3. 下行文礼仪

下行文是指党政机关或社会团体组织中的上级领导机关向其下属组织所发的文件，包括命令、令、决定、公告、通告、通知、通报、批复、意见等。

范例：

通　知

各处(科)室：

为贯彻落实__________会议精神，经研究决定召开__________学习总结大会，现将有关事项通知如下：

一、会议时间

____年__月__日(星期__)上午 9:00—12:00

二、会议地点

______楼会议室

三、会议议程

1. ……

2. ……

3. ……

4. ……

四、参加人员

……

五、会议要求

1. 各参会代表请于__年__月__日(星期__)上午 9:00 前入场。

2. ……

__________________处

20____年____月____日

(三)公文礼仪的特点

(1)借重事端，着重宣扬。

(2)针对性强，巧妙发挥。

(3)礼仪周全，温文尔雅。

二、汇报礼仪

和上级领导沟通最关键的是要善于运用语言技巧。词不达意、言不由衷、说话随意和失礼都会影响到与上级领导建立融洽的工作关系。

(一)汇报形式

所谓汇报，通常是指向特定的对象报告工作。

汇报的基本形式有3种：口头汇报、书面汇报和电话汇报。

(1)口头汇报　优点是能够突出重点，可长可短，节省时间。缺陷则是容易受时间、场所以及当事人情绪影响，常常会丢三落四，不容易全面而深刻地反映情况。

(2)书面汇报　优点是能够系统、完整、详细、深入地反映状况，而且说理充足，资料周全。缺点是时效性不强。

(3)电话汇报　优点是时效性强，不会延误工作。不足之处则是无法深入展开，不利于双向交流。

(二)汇报注意事项

汇报时应根据归口管理的要求，直接向相应的部门领导上报请示，不得擅自进行越级报送，或多头汇报。

(三)汇报礼仪

1. 汇报者的礼仪

在进行汇报时，汇报人员应按照约定，认真负责，谦虚谨慎，尊敬汇报对象。汇报时的语气、表情、神态一定要大方、得体、自然。有他人在场时，一般不做口头汇报或电话汇报。向上级领导反映情况时，语气不能过“冲”，更不能指责、辱骂、甚至非难对方。当上级领导发表意见时，不能随意打断，或者立即否决。与此同时，尽量让上级领导听得懂，听得清楚，听得感兴趣。

2. 汇报对象的礼仪

汇报对象在听取汇报时要重视报告内容，认真听取汇报，有问必答。要不时同汇报者进行交流理解、鼓励、赞同等的眼神交流，并通过神情、姿态、言语、行为等显示出自己不仅是在仔细聆听，同时还对对方所汇报的内容感兴趣。

三、会议礼仪

召开会议是一项基本的公务活动，是洽谈公务、布置工作、沟通交流的重要方式，它需要遵守一定的程序，以保证会议有序进行。按照时间划分，会议礼仪包括会前礼仪、会中礼仪和会后礼仪。

(一)会前礼仪

会前礼仪即会前的准备工作，应注意以下几点。

①明确会议目的；②拟好会议通知；③安排好会场；④会场开会的时间宜紧凑。

(二)会中礼仪

1. 迎候礼仪

举行会议时，主办方人员需要提前到达，并在大门口或者会见室、接见厅门口迎候（图 4-2-1）。

2. 发言礼仪

会议发言方式通常会有自由发言和正式发言两类。自由发言较随意，但需要注意的是，发言时应讲究先后顺序与秩序，听从主持人的指示，不要争抢发言；发言观点应鲜明，话语须精练；在和别人有分歧时，要心平气和，以理服人。正式发言，则要表现一种自强自信、成熟在胸的风范和魅力。发言时要口齿清晰，简洁有力，讲求逻辑。

3. 与会礼仪

与会人员应准时入场，衣着整洁，仪表大方，依会议议程安排落座。在进入会场后，自觉将手机关闭或调成振动、静音的状态。开会时仔细聆听，切勿交头接耳或大声喧哗。当发言人陈述完毕时，需鼓掌致意，若中途退出时，宜轻手轻脚，不影响他人。

4. 主持会议礼仪

主持人主持会议时，需穿戴整齐，形象大方端庄，精神饱满，切忌不修边幅，邋里邋遢。主持过程中，切忌有搔头、揉眼、抖腿等不雅动作。言谈时应口齿清楚，思路灵活，简明扼要。

5. 会议服务礼仪

要做好会议记录，安排专人摄影。无关人员不可随意进出会场，服务人员是会场中唯一可以走动的人，需要注意的是，穿皮鞋走动时不可发出声响，动作要慢、轻、柔。

(三)会后礼仪

会议结束，应做好必要的后续性工作，包括：①整理会议相关资料按要求发送给与会者；②协助返程；③送行。

四、调研礼仪

(一)调研

调研，即调查研究，是人们有计划、有目的地采用科学的方法和手段，考察、获得、分析、综合、整理客观信息的一种社会活动过程。

(二)调研的原则

坚持调查研究，属于公务人员的基本职责，也是做好本职工作的重要保证。应遵守以下几项调研的基本原则。

1. 实事求是

调查研究是一项严肃认真的工作，不能敷衍了事、图形式、走过场，要注重调查的有效性。

实事求是是任何调研工作的第一原则。

2. 近源亲受

近源亲受，即直接接触调查对象进行调查。间接式调研只能取得经过加工或转手了的二手、三手材料，而亲自参与其中，可以更为真切地了解实情。

3. 谦虚谨慎

调查研究也是一种学习，调研也是调查人员学习和丰富自己的机会。作为调查人员，态度诚恳，谦虚谨慎，才能获得调查对象的积极配合，最终取得调研成果。

4. 紧扣课题

公务员在进行调研时，不论其课题是自行选定的，还是上级指定的，都要以此为纲，肯下功夫去钻研把握，自始至终地紧扣着它来取舍、研究自己所获取的一切信息。

5. 讲求实效

调研的目的是获取有用的信息，而任何信息都具有很强的时效性。假如在获取或运用信息时错过了适当的时机，轻则会劳而无功，重则会使工作受到影响。

6. 重视研究

调查是基础，是前提，研究是调查的发展和深化。没有研究，调查就会停留在一般的层面上，调查就不会深入。要运用科学的方法，对调查所掌握的情况进行分析综合，找出本质成因和一般规律。这才是调查工作所要达到的真正目的。

7. 持之以恒

在实际工作中，公务员进行调查研究应形成制度，来确保调研工作能够坚持下去并持之以恒。

总而言之，公务员不仅要响应上级机关的号召，自觉主动地大兴调查研究之风；更要在日常工作中，将这一工作作风坚持下来，形成制度，持之以恒。唯有如此，公务员才能真正地体察百姓的疾苦，了解人民的呼声，把握时代的脉搏，掌握社会的动向，与人民群众同呼吸、共命运，更好地做好自己的本职工作。

（三）调研礼仪的体现

1. 提前和调研单位联系

与调研单位办公室联系，需告知对方到达时间、调研内容、同行人数等。

2. 直接带介绍信去调研单位

（1）先找调研单位办公室。

（2）进办公室双手递上介绍信，“您好，我是××单位的××，今天到这来的目的是做××调查研究。能否麻烦您帮我们联系当地这方面的领导、专家，给我们介绍一下，谢谢！。”

（3）对办公室接待人员表达感激。如果办公室工作人员帮你联系或者带领你去找领导、其他工作人员，要对对方说“谢谢，耽误您时间了”。

（4）见到领导记得一定要称呼对方的职位，“××领导，您好。”在表明来意后，请领导指教。

领导在讲话的过程中，不能随便打断，如果有不清楚的内容需记录下来，当领导讲完后，再进行询问："领导，有一点我不清楚，能麻烦您再给我们讲讲吗？"不要怕提问，人们一般有"好为人师"的特点，大家喜欢提问的人。至于对方的某些看法或观点，要及时反馈。

(5)学会请求对方帮助。交流到最后，请求领导帮忙协调到其他单位。

(6)记住联络方式。当领导帮你协调好其他单位后，记下联系人及电话。

(7)感谢领导、专家介绍工作。当领导介绍完经验后，参与调研的每个人都需要谈谈自己的感受和想法。临走前，再次感谢领导抽出宝贵的时间介绍经验。

五、信访礼仪

(一)信访

信访，是对人民群众来信来访的简称。信访工作的基本原则是要以事实为依据，以党的政策和国家的法律为准绳，了解民意，体察民情，及时做到下情上达，上情下知。

(二)信访礼仪的原则

信访人员反映的问题和解决路径可能复杂多样，在处理问题时，既要按政策与制度规范、严谨地处理，也要"以礼服人"。

1. 以"法"度人

处理信访事项，要严格依照程序和规定，依法、依规实施，做到有法必依，执法公正，实事求是。

2. 以"情"蕴礼

信访办工作人员一定不能使矛盾激化，要尽量换位思考，晓之以理，动之以情。

(三)信访的类型

1. 受理来信

处理好群众的信件：拆封、阅信、记录、报转、回复、存查。

2. 受理来访

在来访者的接待工作中，要和蔼可掬，礼貌周到，亲切热情。

以下几个问题必须注意：

(1)要有专门的接待地点，在信访接待室内要营造严肃、认真的气氛，张贴来访者注意事项。

(2)来访者到来后，接待人员应起身相迎，面带微笑，与之握手，并进行问候。

(3)在称呼对方时，应采用尊称。

(4)在与来访者交谈时，接待人员不管是听、问、答、记，都要耐心谦恭。

(5)对来访者所说的话，不可不信也不可偏听偏信。

(6)对待来访者的态度，既不能毫无热情，又不能无原则地同情，不可忘记自己的身份。

六、仪式礼仪

(一)仪式

仪式是指在人际交往中,特别是在一些比较重大、隆重、热烈的正式场合里,为了激发起出席者的某种情感,或者为了引起其重视,而郑重其事地参照合乎规范与管理的程序,按部就班地举行某种活动的具体形式。

仪式活动包括迎送、签约、开业、交接、剪彩、庆典等。例如,签约仪式。签约仪式的双方或多方的人数应大致相当。但有时为了表达对签订的合同、协议或条约内容的重视,通常由更高层或更多的领导人出席签约仪式,所以也就不能机械地贯彻所谓"对等、相当"的准则。在正式签约时,礼遇是各方代表都很在意的,所以在签约仪式上最能体现礼遇高低的座次问题,更应严肃对待。当举办签约仪式时,通常都会在签约大厅里设有一张长方桌的签字桌。桌面上通常覆盖深色台布,摆放着今日需要签字的文件。桌后放置两把椅子,供签字人入席使用。按照惯例,东道主席位设置在左侧,宾客席设置在右侧(图 4-2-1)。

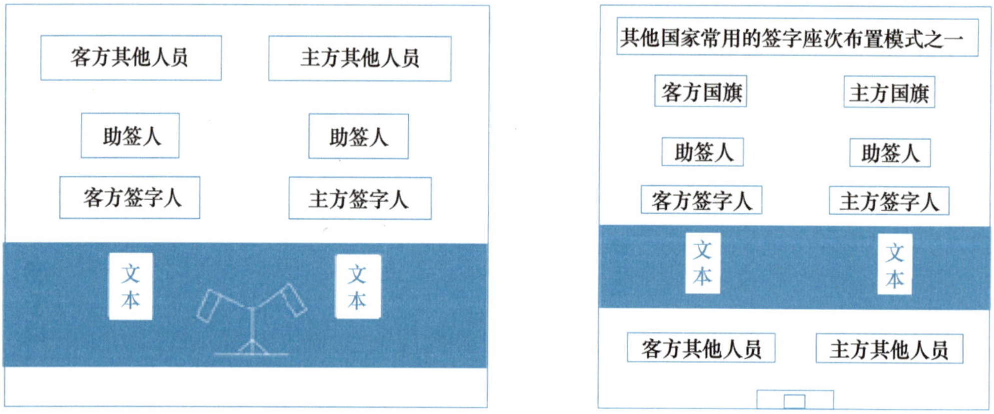

图 4-2-1 签字仪式座次安排

(二)仪式礼仪

仪式礼仪是仪式活动取得成功的重要保障,无论是主办方还是参加者,都必须遵守一定的流程、礼仪惯例。

对于仪式礼仪,不仅是参加者,就连组织者,在仪式上的形象、言行举止,都会成为个人基本素质、修养的试金石。往往会影响大众对个人、组织的印象或者评价,甚至会成为一场仪式成败的关键因素。

学习实践

情景(一)

瑞云集团与市政府签订战略合作协议,举行签约仪式。

实践要求：1. 学生分小组进行头脑风暴，讨论签约仪式前、签约仪式中、签约仪式后各需要做什么准备？

2. 小组角色扮演，课堂演练签约仪式入座及轮换制签约。

3. 其他小组观摩并讨论该组完成情况。

情景（二）

全班学生分组，7～8人为一组，分别扮演信访者和信访接待员，设定信访角色（反映干部收受贿赂人员、老赖、被骗的老年人等），模拟在信访接待大厅发生的故事进行演练。

实践要求：1. 小组讨论，设计场景和内容。

2. 模拟时其他小组观看并记录。

3. 其他小组对模拟进行评价分析。

思考练习

1. 名词解释

公文礼仪　　调研　　仪式礼仪

2. 简答题

(1) 拟写一份学习计划。

(2) 汇报的基本形式有哪些？各有什么优缺点。

(3) 会议主持要注意什么？

(4) 调研的基本原则是什么？

3. 技能实践

设计公司开业仪式并展示。

任务三　公务接待礼仪认知与实践

学习准备

1. 观看新闻联播，观察政府官员接待来宾时的规格及礼仪。
2. 查看中央八项规定。

理论认知

公务接待是指国内党政机关之间，接待主体在运用公共接待资源，依据特定规则为接待客体进行公务活动时所提供的接待行为方式。一般包括考察研究、执行任务、出席会议、学习交流、检查指导、请示汇报工作等公务活动的接待工作。中国的公务接待体制是经过传承、变革、创新不断发展壮大而形成的，具有中国政治制度基础和中华民族人文基因。随着经济形势的发展和社会主义政治文明建设的逐步深入，中国的公务接待工作制度已日趋规范，也更加体现了中国共产党人极大的政治智慧和中华民族丰富的文化底蕴。随着中央八项规定的出台与实施，公务接待工作也进入了新常态，接待工作要求更加规范、完善，接待人员要求更加严谨、务实。

一、礼宾礼仪

公务接待形式和种类多种多样，活动规格也有高低、简繁之分。在接待的具体过程中，要依据宾客的身份及来访性质、两个单位的关系等因素合情合理地安排接待工作，提供符合对方期望的服务。

（一）礼宾

礼宾，是指按一定的礼节接待宾客。这里要特别注意宾客规格。一般应遵照平等或对应原则，也就是主要的接待人员应与宾客的级别、身份相等或相应。

（二）礼宾礼仪

从根本上讲，要真正安排好来宾，关键是既要重视“尊卑”有序，又应兼顾平等待客。有关礼宾礼仪的相关守则，实际上都是出自这两点。

1. 必须重视“尊卑”有序

在接待中，因被接待的人士来自不同方面，必要的顺序、位次的排列，在具体实践中往往不容回避。

2. 必须讲究平等待客

在接待中，对来宾的尊重、友好与热情相待，不会因其存在国籍、地区、民族、宗教信仰、性别、年龄、职级、贫富之别而有所区别，这一规范性做法体现了接待人员在接待工作中平等待人。

二、迎送礼仪

（一）迎送

迎送就是迎来送往的简称，在接待工作的具体过程中，始者，来宾之迎接也；终者，来宾之送别也。迎送来宾作为接待工作的具体起点和终点，不仅理应为我方所重视，也为接待方所关注。

（二）迎送礼仪

迎来送往是服务中最常见的礼仪活动，是公务人员所必须知道和掌握的知识与技巧。

1. 遵守迎送时间

在宾客抵达之前迎接人员应到达迎接地点，杜绝出现让客人等候的现象。送客时也要遵守约定的时间，不可过早，否则宾客会有被逐的感觉；但是也不能迟到，怠慢了客人。

2. 讲究迎送细节

如果宾客是首次来访，接待人员应先行制作标志牌，让宾客可以轻易找到，以便主动过来接洽。当宾客抵达后，接待人员迎上前去主动握手，互致问候。相互介绍时，通常由主人将同行前来欢迎的人员介绍给宾客，再由宾客向主人介绍随行人员。宾客要离开时，主人可到住地、车站、机场、码头送行。

3. 其他注意事项

如安排献花，须用鲜花，并注意保持花束整洁、鲜艳，忌用菊花、杜鹃花、石竹花、黄色花朵。有的国家习惯送花环，或者送一两枝名贵的兰花、玫瑰花等。

三、乘车礼仪

在日益繁忙的公务往来中，乘车出行已成为公务接待时所要面对的一项重要活动。乘车时，需要掌握的重点礼仪问题有座次、上下车顺序、举止 3 个方面。

（一）座次有别

轿车上的座次有主次讲究。其中主位是后排与司机的位置成对角线，即后排右侧。其余的次序是：后排左侧、后排中间、前排右侧（图 4-3-1）。

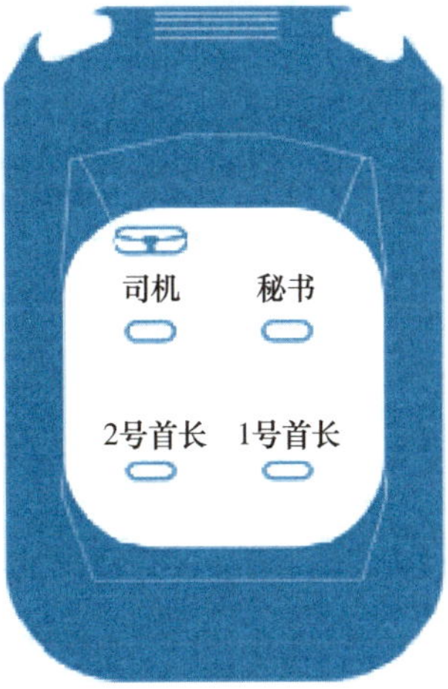

图 4-3-1　轿车座次

如果宾客不在意，随意坐了一个座位，那么这个座位就是上座，不必纠正并告诉对方“您坐错了”。尊重别人就是尊重对方的选择，这就是公务礼仪中“尊重为上”的原则。

（二）上下车顺序

上下车应遵循的基本原则是“突出领导，方便领导”。乘车时，应当恭请领导和宾客首先上车，最后下车。接待人员则应当最后上车，最先下车。

特殊情况的上下车次序：

（1）如果很多人坐一辆车，那么谁最方便下车谁先下车。

（2）如果同行人员较多，对方相送时，同行人员应主动与对方道别后，上车等候。送别仪式的重点环节在双方主要领导之间进行，如果同行人员都等领导上车后再与对方道别，会冲淡双方领导道别的气氛，而且上车时也会显得混乱无序。

（3）如果跟随领导参加重要的仪式，到达时对方已经做了相应的迎接仪式。这时不能先下车，要等领导下车后再下车，否则就会有“抢镜头”的嫌疑。

（三）举止中规

无论是乘坐哪种车辆，就座时都应谦让。抢座、争座、不对号入座，会显得非常无礼。另外，在乘坐车辆时，应将车内视为公共场合，自愿地讲求社会公德，遵循公共秩序。

四、膳宿礼仪

膳宿就是吃饭和住宿的简称。

(一)餐饮安排礼仪

(1)安排公务餐饮很有讲究,其中涉及就餐编席、名次的排列、时间、地点、菜单等。在编定就餐席时同样要考虑就餐人员的身份、级别、民族等因素。如行政机关的相关会议编席,往往需要按照行政级别编定,同桌用餐的人应安排同等级别。

(2)要排定宾主的座次。国内公认的宴会座次排列方法有以下几种:

"居中为上"——即各餐桌围绕在一起时,位于正中央的那张餐桌应为主桌。

"面门为主"——是指在餐桌上,面对宴会厅正门的正中位置为主位,通常主人在此就座。

"右高左低"——是指在餐桌上,面对宴会厅正门的正中位置为主位,其余座位的位次应为右侧的位次高于左侧的位次。

"各桌同向"——是指在大型宴会时,其他各桌的主陪的位置,要与主桌主位保持方向相同(图 4-3-2)。

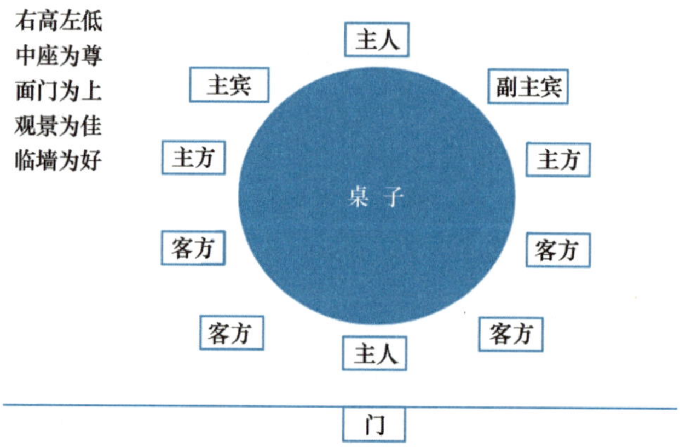

图 4-3-2 宴席的座次安排

(3)要确定宴请的菜单时,下列几类菜肴不宜出现:

触犯个人禁忌的菜肴。

触犯民族禁忌的菜肴。

触犯宗教禁忌的菜肴。

(4)按照接待原则,可以宴请来宾的菜肴基本上可以分下列几类:

具有民族特色的菜肴。

具有本地风味的菜肴。

餐馆比较拿手的菜肴。

来宾本人喜欢的菜肴。

(二)住宿安排礼仪

安排住宿要根据客人的身份、生活习惯、工作需要及人数等来酌情考虑,选择住宿地点时还需要考虑交通状况、接待经费预算、口碑与服务质量等因素。

住宿人员应该遵守的礼仪主要包括下列3条:

(1)保持安静 饭店是休息的场所,因此,保持安静被视为饭店的基本规矩。

(2)讲究礼貌 在饭店里住宿,对于自己所遇到的人,都应以礼相待。

(3)注意卫生 不要乱扔垃圾,应将废弃物扔进垃圾桶,爱护房内设备,不在墙壁上乱涂乱画。

五、窗口礼仪

窗口服务在我们的现代生活中是比较常见的工作场景,需要直接面对服务对象,来满足他们的某种需求,没有中间环节可以依托。所以,每一项服务过程都需要达到服务要求,才能使服务对象满意。

(一)窗口服务人员形象礼仪

(1)服务号牌规范佩戴。

(2)统一着装,保持整洁。

(3)发型自然,不染异色。

(4)仪表大方,配饰得体。

(5)精神饱满,举止端庄。

(二)窗口服务技能礼仪

(1)业务知识全面了解。

(2)操作技能熟练掌握。

(3)处理准确高效。

(4)持证上岗定期考核。

(5)定期培训提高技能。

(三)窗口语言沟通礼仪

服务时,要语言文明、礼貌,语句清晰,音量适中。工作中,要坚持使用文明服务用语"您好、谢谢、抱歉、请、再见"等。

(1)接听服务对象电话时,主动介绍:"您好,这里是××窗口。"交谈结束应说:"再见。"需对方先挂机后再放下电话。

(2)给服务对象打电话时,主动表明身份:"您好,这里是××窗口,我的工号是××"。

(3)接待服务对象时:"您好,请问您需要办理什么业务?""请问有什么事需要帮忙吗?"

(4)服务对象处理不需提供证明、资料的业务时,应说:"请稍候,马上为您办理。"

(5)服务对象办理需提供相关证明、资料的业务时,应说:"对不起,请您出示××资料

(证件)。”

(6)服务对象提供的资料不全时,应说:“对不起,按照规定,这项业务的办理需要提供××资料,这次让您白跑一趟真是抱歉!”

(7)服务对象处理的业务需要有关人员或部门签字时,应说:“对不起,根据规定,这项业务需要××负责人(部门)签字,请您去处理署名手续。”

(8)办完业务后,应说:“您的业务已办理完毕,请收好相关凭证。”

(9)服务对象若要查询与自己不相关的信息时,应婉言谢绝:“对不起,为了保护服务对象权益,按规定我们无权为您查询,请您见谅。”

(10)服务对象进行咨询时,应说:“请问您有什么问题需要咨询吗?”

(11)服务对象进行咨询,若询问的内容自己不太清楚(或不能处理),应说:“对不起,请您随我到××办理。”

(12)当服务对象的要求与国家政策规定相悖时,应说:“对不起,根据规定我无权为您处理这项业务,希望您能见谅。”

(13)当服务对象出现失误,订正后可以办理时,应说:“对不起,您的××有误(指明错误之处),请您重新改正一下。”

(14)当由于自身原因不能满足服务对象要求时,应说:“对不起,因为××原因,我们这里不能满足您的要求,请您到政务中心××窗口去办理好吗?”

(15)在办理业务过程中,因特殊原因需接听电话时说:“对不起,请包涵,我接一下电话。”挂了电话后说:“很抱歉,让您久等了。”

(16)设备临时出现故障,应说:“请包涵,线路临时出现故障,请您稍候,我们会尽快处理。”

(17)服务对象代办必须由本人亲自办理的业务时,应说:“对不起,这项业务应该由本人亲自办理。请您通知本人来我处办理,谢谢您的配合。”

(18)收到服务对象建议或投诉时,应说:“我们非常感谢您提出的宝贵意见,请您留下联系方式,我们拿出解决方案后会尽快与您联系。”

(19)服务对象对自己表示谢意时,要说:“这是我应该做的。”

(20)与服务对象道别时,应说:“感谢您对我们工作的支持,欢迎您再来。”

(21)当服务对象对凭证有疑问时,应说:“您有什么疑问?我来为您解释。”

(22)当业务繁忙时,应说:“请您稍候,我马上为您办理。”

学习实践

情景(一)

小陈是某公司新入职的办公室工作人员。一天,有领导带队到公司指导工作。几位领导刚进公司,小陈便走到经理前面,主动上前打招呼,并热情地跟领导握手表示欢迎。接着又走在右前侧引导领导到接待室。接待室里准备了茶、咖啡、果汁等各种饮品。小陈热情地为领导一行人端上价格昂贵的果汁。指导工作结束后,小陈快步走到领导的右前方,送他们到公司门口,一边说着:“谢谢光临!”一边微笑着跟一行人挥手告别。

实践要求:

1. 学生分小组讨论,小陈在接待过程中哪些做得不妥当,并说明原因。
2. 小组角色扮演,课堂演练纠正错误。

3.其他小组观摩并讨论该组完成情况。

情景(二)

台湾的宾客很忌讳在吃饭时把筷子碰落地上,在他们看来"筷子落地,名落孙山",如果不小心把匙羹、碗碟等打破,会觉得"很晦气",是"破财"的预兆。

实践要求:1.如果你不小心碰到上述情况应该怎么办?
2.试着使用语言艺术来排除来宾的不愉快。

思考练习

1.名词解释

公务接待 礼宾

2.简答题

(1)礼宾礼仪的相关守则有哪些?

(2)迎送礼仪应掌握的技巧有哪些?

(3)住宿人员应遵守的礼仪有哪些?

3.技能实践

(1)为自己设计窗口服务人员形象并展示。

(2)进行坐姿、站姿、走姿、蹲姿、微笑、手势引导等训练。

任务四 情景模拟实践

一、实训目标

1.熟练掌握公务接待不同阶段的礼仪要求。

2.能够熟练掌握公文写作的要求,熟悉接待步骤,会写接待方案。

3.能够根据窗口岗位职责进行职业形象设计。

4.能够熟练运用职业礼仪规范和岗位礼仪细节为客户提供优质服务。

二、场景设计

小李是某市信访局办公室的工作人员,一天接到书面通知,省信访局接访室赵主任要在下周一到该市调研信访接待工作,一行共计6人,附有明确行程。

小李接到任务后,做了详细的接待方案。

场景一:小李拿着接待方案去找主管王主任汇报工作。

场景二:经领导批阅后,小李与省信访局联系,再次确定行程,并起草了通知下发给信访局各部门。

场景三：周一接访室赵主任准时到达，按照计划，小李在信访局门口迎接，并陪同赵主任调研信访接待工作。

场景四：下午，赵主任在信访局只开一场调研接访座谈会。

场景五：傍晚，小李带领一行人入住饭店。

场景六：晚上，办公室安排晚餐。

场景七：第二天上午 9 点，送行。

教师根据情况增减场景。

三、实训步骤

(1)组建模拟演练小组：由教师将教学班按照 6～8 人的标准划分为若干模拟演练小组，每个小组指定或推选一名组长。

(2)确定演练主题：教师事先准备好不同的模拟场景，由组长抽签决定模拟主题和模拟顺序。

(3)设计模拟演练：各小组根据抽取的模拟主题设计情节内容，并形成文字，作为剧本。教师说明要求：故事情节合理，体现不同职业礼仪要求，每位同学都要担任一定角色，表演时间 5～10 分钟。

(4)模拟演练：第一，小组成员布置场景。

第二，由组长说明模拟主题和模拟环节。

第三，各位组员自我介绍及说明担任的角色。

第四，进入情景模拟。

第五，组长宣布结束，小组成员答谢。

其他各组认真观看，记录。

(5)拍摄记录：由其他组负责拍摄记录，留存资料，便于教师点评。

(6)教师点评：根据评价表(表 4-4-1)给出小组成绩。

(7)每位同学撰写一份情景模拟演练的实训报告(表 4-4-2)。

四、效果评价

表 4-4-1　**情景模拟评价表**

序号	评价要点	分值	评价说明	得分
1	情节设计	10	情节合理，紧凑	
2	仪容	10	符合职业要求，女生化淡妆，男生仪表整洁卫生	
3	仪表	10	着装得体，职业装穿着规范	
4	仪态	10	坐立行走规范、动作熟练	
5	表情	10	表情自然，微笑和眼神的运用得当	
6	语言表达	10	清晰流畅，交流自然，用语文明、准确、恰当	

续表 4-4-1

序号	评价要点	分值	评价说明	得分
7	专业表现	10	体现一定的礼仪规范	
8	表演熟练程度	10	表演衔接顺畅	
9	团队合作	10	角色分配合理，配合默契	
10	整体评价	10	情景模拟整体效果	
总分				

表 4-4-2 **情景模拟演练实训报告**

班级		学号		姓名		成绩	
模拟演练主题							
实训目的							
实训背景							
实训要求							
实训心得							
实训评价	（指导教师填写） 教师签名：						

项目评价反馈

一、小组评价

序号	评价项目	评价情况
1	与其他同学口头交流学习内容是否流畅	☆ ☆ ☆ ☆ ☆
2	是否尊重他人	☆ ☆ ☆ ☆ ☆
3	学习态度是否积极主动	☆ ☆ ☆ ☆ ☆
4	是否服从教师的教学安排	☆ ☆ ☆ ☆ ☆
5	着装是否符合标准	☆ ☆ ☆ ☆ ☆
6	能否按照规范的流程操作	☆ ☆ ☆ ☆ ☆
7	是否合理规范地使用身体语言	☆ ☆ ☆ ☆ ☆
8	是否能保持学习环境的干净整洁	☆ ☆ ☆ ☆ ☆
9	是否遵守学习场所的规章制度	☆ ☆ ☆ ☆ ☆
10	是否有责任心	☆ ☆ ☆ ☆ ☆
11	是否达到全勤	☆ ☆ ☆ ☆ ☆
12	团队学习中主动与合作的情况如何	☆ ☆ ☆ ☆ ☆
13	能否主动参与教学场所的清洁和整理工作	☆ ☆ ☆ ☆ ☆

参与评价的同学签名________________

二、教师评价

1. 对实践操作的点评________________

____

____

____

2. 对学习过程的总体评价________________

____

____

教师签名 ____________

三、学生评价

1. 对教师授课效果的评价 ____________

2. 对学习效果的评价 ____________

学生签名 ____________

项目五

商务礼仪认知与实践

学习目标

1. 理解商务礼仪的概念。
2. 掌握商务沟通礼仪内容。
3. 掌握商务礼仪的实践运用。

任务描述

本项目分为商务沟通礼仪、商务会议礼仪、商务宴请礼仪 3 个任务。学生通过本项目的学习和对商务礼仪模拟情景演练，认知商务礼仪，掌握商务礼仪交往技能，培养商务交往能力。

内容结构

成语话礼

虚左以待

虚左以待成语出自《史记·魏公子列传》："公子从车骑，虚左，自迎夷门侯生。"原义是古礼以左为尊，留待左边的位置给对方，表示对对方的尊敬。

任务一　商务沟通礼仪

学习准备

1. 收集各类名片并设计制作自己的名片。
2. 观看新闻和影视剧《安家》《华尔街》中出现的商务礼仪。

理论认知

一、概念

(一)商务礼仪

商务礼仪指商务人员在其商务交往中所应恪守的行为规范。它是商务外交之规、商务沟通之道,体现了互相尊重,为保证商务活动的顺利进行起到了重要的作用。

1. 有助于明确商务礼仪的适用对象

商务礼仪主要适用于商务人员之间进行有效沟通、处理商务活动中所面临的人际关系。对非商务人员来说,商务礼仪并非有效的交际技巧。

2. 有助于明确商务礼仪的有效范围

在商务交往中适用商务礼仪,其他交往类型不适用商务礼仪。

3. 有助于明确商务礼仪的基本内容

商务人员的行为规范是商务礼仪的基本内容,应进行标准化、规范化的训练。

商务礼仪依据其适用对象、适用范围可分为商务沟通礼仪、商务会议礼仪、商务宴请礼仪等。

(二)商务沟通礼仪

商务沟通礼仪是指商务人员在商务活动中运用语言、动作、物品以及现代通信工具进行沟通联络时应遵守的基本礼仪,主要包括称呼、握手、名片、礼物以及使用电话、电子邮件等通信工具的礼仪规范。

二、商务沟通礼仪的内容

(一)称呼礼仪

称呼礼仪是商务礼仪中非常重要的部分,既展现对对方尊重的程度,同时也体现自身的修养,更能体现双方交往关系密切程度。称谓语使用得当与否,对商务交际有着直接的影响。

1. 称呼的形式

在商务活动中,称呼要庄重、正式、规范。一般应称呼对方的行政职务、技术职称、职业名称或是泛尊称。

拜访接待
礼仪示范

(1)职务性称呼　在商务活动中,称呼对方的行政职务,以示身份有别,敬意有加。可分为 3 种情况:第一种,只称呼职务,适用于公司内部称呼,如“总经理”“董事长”等;第二种,姓氏加职务,适用于日常商务活动,如“张经理”“李秘书”等;第三种,姓名加职务,适用于大型正式场合,如“李科总经理”“张强董事长”等。

(2)职称性称呼　直接称呼职称,表示尊重。第一种,只称职称,适用于不太熟悉时,如"教授""工程师""律师"等;第二种,姓氏加职称,适用于比较熟悉时,如"王教授""田工程师"等;第三种,姓名加职称,适用于十分正式的场合,如"张洋教授""刘军工程师"等。

(3)职业性称呼　职业名称作为称呼非常常见。例如,教师被称呼为"老师",财务人员被称呼为"会计",医生被称呼为"大夫"或"医生"等。

(4)泛尊称　即大多数人都可用的尊称。对一些初次打交道的人,在既不了解其具体的职业又不知其具体职务的情况下,可直接尊称其为"先生""小姐"或者"夫人"。在使用泛尊称的时候,成年男士不管多大年纪皆可被称呼为"先生",为表敬意,对年老男士还可称呼"老先生"。但是对女士来说,"夫人"这种称谓不可乱用,仅在明确了解对方已成婚的前提下才使用。

2. 称呼的注意事项

(1)初次见面时的称呼　商务活动中首次见面时的第一印象非常重要,对初次见面的商务交往对象要称呼对方姓加职务,吐字清晰,不能含混一带而过。比如:"李经理,很荣幸见到您。"如果对方是副职,可略去"副"字;但若对方是总经理,不要为了方便把"总"字去掉变为经理,从而引起对方不快。

(2)关系熟悉后的称呼　在商务活动正式场合,即使双方非常熟悉,仍要称呼对方的姓加职务(职称),不能使用如"老王""老李""唉""喂"等称呼,既是极不礼貌的,也令对方难以接受。

3. 称呼的禁忌

(1)忌无称呼　在商务活动中不称呼对方,直接开始谈话会让对方感觉到不受尊重,进而影响到商务沟通效果。

(2)忌错误称呼　在商务场合要绝对避免职务张冠李戴或名字读错音。对于不认识的名字,事先要有所准备。如果是临时遇到,就要虚心请教。比如遇到姓氏"查(zhā)""盖(gě)"等,主动询问比冒失开口更显得有礼貌。

(3)忌俗称　仅适用于家庭的昵称或社会性称呼,如"兄弟""哥们"等称呼,不能用于正式场合。

(4)忌地方性称呼　地方特色称呼不适用于商务活动,会产生歧义。如北京人称呼他人为"师傅"、山东人称呼他人为"伙计"。而南方人会认为"师傅"等于"出家人","伙计"就是"打工仔"。中国人夫妻间互称为"爱人",外国人则把"爱人"理解为"情人",由此会产生误会。

(二)介绍礼仪

1. 自我介绍

(1)时机适当　自我介绍时需在对方工作告一段落有空闲时,一般主动上前向对方微笑点头致意,然后自报姓名和身份,并说明来意。

(2)繁简适度　自我介绍力求简洁,节省对方时间。一般以半分钟为宜,如无特殊情况最好不要超过一分钟。在自我介绍前可递上名片、介绍信等辅助工具,以加深印象,取得对方关注。

(3)态度自然　自我介绍时,自然友善的表情、亲切随和的态度会使对方尽快接受自己,语气自然,语速正常,语音清晰,能使对方产生好感。

(4)内容真实　自我介绍要实事求是,既不必过分谦虚、贬低自己,也不可自吹自擂、夸大其词,否则会失去对方的信任。

2. 他人介绍

商务活动中，经常出现由他人为彼此不相识的双方引见、介绍。由于双方互相不认识，因此应将被介绍的双方都做一番介绍。由东道主、公关礼宾人员、身份地位较高者作为介绍人更为正式。

（1）介绍顺序　介绍应以“尊者优先了解情况”为原则，先确定双方地位的尊卑，再为其进行介绍。一般是向职位高者介绍职位低者，向女士介绍男士，向年长者介绍年轻者，向长辈介绍晚辈，向朋友介绍家人，向先到者介绍后到者。例如：“李经理，请允许我向您介绍，这是新入职的秘书刘强。刘秘书，这位是李经理。”也可以简单对双方进行介绍，“王女士，这位是赵国强先生。赵先生，这位是王恩女士。”

如果把多人向一人介绍时，一般按照在场的次序，如自左至右、自右至左、顺时针方向或逆时针方向等依次进行。

（2）介绍方式　在商务交往中，根据实际需要，介绍时的形式会有所不同。较正式的场合需介绍双方单位、职务、姓名，如：“张总经理，请允许我向您介绍，这位是东方公司李伟经理。李经理，这位是康莱生物有限公司的张鹏飞总经理。”非正式场合可只介绍双方姓名，如“张先生，让我来介绍，这位是李伟先生。李先生，这位是张鹏飞先生。”或以手势辅助，先指向一方说“李先生”，再指向另一方说“张先生”。

（3）介绍仪态　自我介绍时，可将右手掌心向内放于自己的左胸，面带微笑注视对方，表情亲切、自然；介绍他人时，介绍者面带笑容站立于被介绍者旁侧，五指合拢，掌心向斜上方指向被介绍者进行介绍；被介绍者应起立示意，面带微笑，目视对方，可同时以握手或点头等方式致意，并互道“您好”“很高兴认识您”等礼貌用语。

（三）握手礼仪

握手礼是使用范围最广，适用于众多商务场合的见面礼节，也是最为通用的致意礼节，在会面、祝贺、致谢、慰问、鼓励、送别等场合均可使用。它是沟通思想、交流感情、增进友谊的重要形式，文雅而得体的握手是人们必须掌握的一种交际艺术。

1. 握手的顺序

标准握手顺序应符合“尊者为先”原则。具体操作如下：

（1）地位低的人和地位高的人握手　应由地位高的人先伸手。

（2）男士和女士握手　应由女士先伸手，如女士用点头致意代替握手礼则男士不必伸手。

（3）晚辈和长辈握手　应待长辈先伸手。

（4）上级和下级握手　应待上级先伸手。

（5）主人欢迎客人时　主人应先伸手，表示对客人的欢迎。

（6）客人告辞时　客人应先伸手，表示辞别。若是主人先伸手表示逐客。

群体握手还应注意以下次序：

（1）由近而远　群体握手时，应从身边最近的人开始，不要有选择地跳跃式握手。

（2）顺时针方向前进　当围坐在圆桌周围时，主人要先和自己右手的人握手（右手边的人一般是主宾），然后按顺时针方向前进，依次握手。

注目握手礼仪

2. 握手的基本要求

(1)握手姿势 握手时必须站立,两足立正,上身前倾,伸出右手,四指并拢,拇指张开,双方手掌虎口相对垂直相握,微微上下抖动两三次(图 5-1-1)。同时应注视对方,面带微笑,口中说道:“见到你很高兴”“幸会”等。

(2)握手时长 握手的时间长短要因人而异,一般持续 2~3 秒,不宜过长。但若遇老友或敬慕已久的客人,为表达特别亲切、激动的心情,握手时间可长些。如需拍照留念,也可适当延长。

(3)握手力度 握手时双方用力都应适度,恰到好处。力度过大,会使人觉得粗鲁无理;但若过于无力,又会使人觉得缺乏热情,敷衍了事。

图 5-1-1 握手的姿态

3. 握手的禁忌

(1)忌用左手握手 伸左手与对方相握是严重失礼的行为。

(2)忌多人交叉握手 当多人握手时,应避免同时与另外两人相握成交叉状,这在西方会被认为是最不吉利的十字图案,应按次序逐一进行握手。

(3)忌戴手套、墨镜握手 握手应摘掉手套、墨镜。如因特殊情况不能摘掉,要说“对不起”表示歉意。但女士若身着礼服与他人握手时,可以不摘礼服手套,因为手套也是礼服的一部分。

(4)忌不专心握手 如目光游移,漫不经心,会给对方留下不尊重对方的印象。

(5)忌挑人握手 若多人在场,只同一个人或几个人握手,而对其他人视而不见是失礼的。

(四)名片礼仪

1. 递送名片礼仪

(1)做好递送准备 在商务活动之前做好递送名片的准备工作,要保证名片数量充足,并分门别类整理,以便根据不同对象递送不同名片;还应检查名片是否干净整洁,有无折损;将名片放在名片夹或名片包中,避免随意放入钱包、裤袋或与其他物品放在一起。

(2)掌握递送时机 名片的递送要掌握恰当的时机,一般应选择在初次见面或分别之时,既显示对对方的尊重,也会令名片发挥功效。忌过早、过迟或在会议或餐饮过程中递送名片。

(3)讲究递送顺序 双方交换名片时应先客后主,先低后高,即由客人、职位低者或晚辈先向主人、职位高者或长辈递上名片,然后再由后者回赠名片。如需向多人递送名片时,递送顺序一般为由近及远,由尊而卑,即从距离自己较近人的开始递送。

(4)正确递送名片 递送名片前应首先问候对方,说一些提示语或自我介绍,如“您好”“请多多关照”“常联系”等。递送名片过程中要谦虚有礼,站立起身,保持微笑,上身前倾 15 度,目视对方,双手递交名片,并报出自己的企业名称和姓名,同时说一些礼节性用语。例如“这是我的名片,请多多指教”“认识您很高兴,这是我的名片”“这是我的名片,欢迎多联系”等。同时还应注意在递送名片时,用大拇指、食指和中指捏住名片两端,避免手指覆盖文字,并将文字的正面朝向对方,以方便对方拿取和阅读。如果是向尊者递送名片,双手要略低于对方双手,以表示尊重。递送名片的整个过程要显示出态度谦和有礼,郑重大方(图 5-1-2)。

2. 接受名片礼仪

（1）接受名片时要体现对对方的尊重，应立即站立起身，面带微笑，目视对方，双手捧接名片（图 5-1-3）。

（2）接过名片后，应礼貌地向对方致谢，认真阅读名片信息，可轻读对方的姓名和职务表示尊重和敬佩。若遇到不认识的字应主动向对方请教。

（3）阅读完名片要郑重地将名片放入名片夹、公文包或上衣左侧口袋，以示重视和尊重。

（4）接受他人名片后，应当即回赠自己的名片。如果无名片、名片用完或忘记带名片，应向对方做出合理解释并表示歉意。

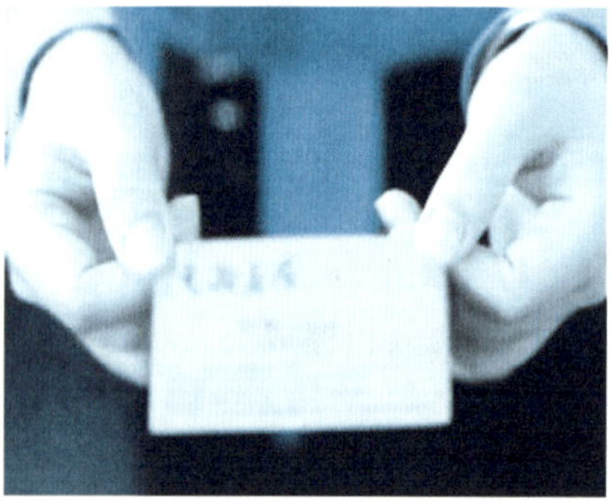

图 5-1-2　递送名片

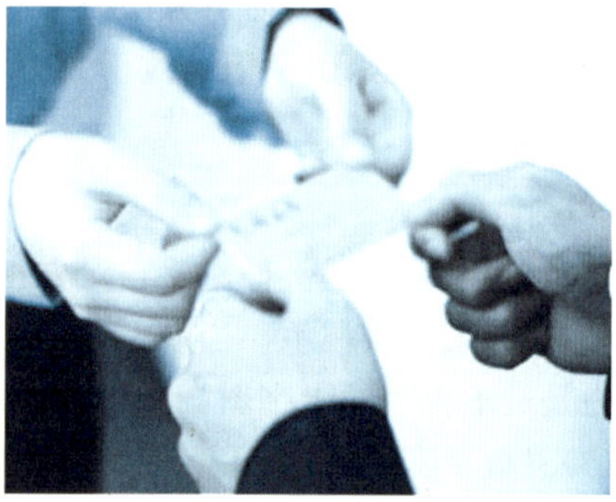

图 5-1-3　接受名片

（五）电话礼仪

1. 拨打电话礼仪

（1）拨打电话前的准备工作　首先要弄清楚对方的姓名、电话、职务、单位名称等基本信息。其次拿起电话话筒前应该提前准备好本次通话的主要内容、通话需要达到的目的，并想清楚如何表达信息内容，做到思路清晰，要点明确，从而使通话取得最好的效果。三是选择恰当的时间拨打电话，除了紧急事件必须通告外，应尽量避免对方工作繁忙、例会、休息等时间拨打电话，以防止因通话时间过短影响通话效果或者对方无暇接听，给对方带来不便。

（2）通话中的礼仪　在通话时，拨打电话人员要吐字清晰，声音柔和，语速适中，措词恰当。

第一，接通电话后，首先要主动问候对方，并报出工作单位和姓名，如：“您好，我是××公司的×××。请问赵总在吗？”如果是其他人员接听电话，等本人接听时仍需再报一次工作单位和姓名。

第二，有礼貌地询问对方是否方便接听电话。通过询问可以体现对对方的尊重，也使对方能够重视本次通话，提高通话效率。如：“王经理，我想和您谈谈签订合同的有关事宜，大概需要 5 分钟，您现在是否方便？”如果对方表示现在可以，则可以进入主题，如果对方繁忙，应表示歉意或者可以另约时间。

第三，通话中要把握商务沟通主题，条理清晰，言简意赅。通话要围绕主题，尽量不要涉及主题以外的事项，以免影响信息的有效传达。

第四，通话中要保持良好的姿态。在进行电话沟通时要保持微笑以及保持良好的坐姿、站姿。

(3)结束通话礼仪 结束通话时要将商议沟通后的问题进行简要总结，以便双方加深记忆，防止出现理解偏差。如：“王经理，那么我们约定下周一，也就是 5 月 10 日，在我们公司的二楼会议室签订销售合同，我们公司刘经理届时会迎接您的到来。”同时要注意结束通话时要表达对对方的谢意，不可说完主题直接挂上电话。如：“很荣幸能够向您介绍相关产品信息，相信我们的合作会非常愉快！”或“跟您沟通十分轻松愉快，期待和您早日见面。”

结束通话时通常由主叫方或尊者先挂断电话，挂断电话的一方要礼貌，主动说一些结束语，然后轻轻放下话筒。

2. 接听电话的礼仪

接打电话和前台接待礼仪示范

(1)接起电话 商务人员在听到电话铃声后应立刻放下手中的工作快速接听客户电话，一般应在铃声响两三遍时接电话，如果超过四声才接电话，第一句话就要说“对不起，让您久等了”，同时做好记录准备。

(2)自我介绍 拿起听筒要自报家门，如：“您好，这里是东方购物中心，请问有什么可以帮助您吗？”

(3)沟通事项 接听电话时，在仔细聆听对方讲话的同时要做好记录，在记录中要体现 5W1H 原则：即来电人员(Who)、来电时间(When)、来电地点(Where)、来电内容(What)、来电事由(Why)、如何处理(How)等内容。记录完毕，要将通话重点内容向对方复述一遍，保证信息准确无误。

(4)灵活应对 重视每一个电话，做到礼貌对待，灵活应对。如果对方要找的人不在，代接电话时可以说：“对不起，赵总有事，暂时走开了，需要我代为转达吗？或者您方便留个电话，我请他回电话给您，可以吗？”如果接电话人无暇接电话时，可以说：“对不起，李经理正在与董事长谈话，不方便接听电话，请您留下联系方式，待会儿我会请他回电话给您。”

(5)通话结束 结束通话时一般由对方先提出，向对方说再见后轻轻放下话筒，切忌“啪”一声用力扔下话筒。如果是代接他人电话，要及时转达落实。

(六)电子邮件礼仪

电子邮件在商务业务往来中占据着举足轻重的地位。据调查，在商务领域中有 90% 的商务人员使用电子邮件联系业务。能够写一封符合礼仪规范的电子邮件是每一位商务人员的基本技能。

1. 商务电子邮件的撰写与发送礼仪

(1)提前通知收件人 发送商务电子邮件前应尽量以电话、微信等方式告知对方，得到对方的允许。邮件内容尽量与公司商务活动有关，提高电子邮件的使用效率，要做到不滥发垃圾

小贴士

不适合拨打电话的时间段：

◇上午7点之前	◇中午午休时间
◇晚上10点以后	◇用餐时间
◇例会时间	◇休假时间

邮件，以免给收件人带来困扰。

(2)商务电子邮件的撰写要规范认真　电子邮件与信函一样有一定的规范和格式，一封完整的电子邮件有收件人、主题、正文、附件等部分。

第一，准确填写收件人邮箱地址，并认真核对，以保证邮件的到达率。

第二，主题简短明了，提纲挈领，要反映文章的内容和重要性，以使收件人大致了解所收到的信息内容。一封邮件最好只有一个主题，便于日后整理。

第三，正文要格式规范，措词恰当，用语文明。邮件的开头要顶格写对方的称呼，称呼通常冠以职务以示尊重，如："赵经理"，如果不清楚职务，则按通常的"赵先生"称呼。然后另起一行空两格，书写问候语"您好！"。

第四，结尾要有签名，以使收件人了解发件人信息。签名信息包括姓名、公司、职务、电话、地址等，对熟悉的客户可以简化以示亲切。

第五，合理使用附件。如果邮件包含附件，应提示收件人查看。附件的名称应与内容相关，方便收件人下载后管理。如果附件数目较多，应打包压缩文件，如果附件属于特殊格式文件，要在文中说明，以免影响使用。

(3)提醒收件人查收邮件　商务邮件发送后应及时以电话、微信或短信等形式提示对方查收邮件，以提高邮件到达率。

2. 商务电子邮件的接收与回复礼仪

(1)养成及时接收电子邮件的职业习惯　每天打开邮箱查看有无新邮件，避免延误重要信息。

(2) 注意及时回复　一般两小时以内是理想的回复时间。如果遇到的较为复杂的问题无法立即回复，可先确认接受，告知对方，办妥后再做具体回复。当答复商务邮件问题时，需要将有关的问题抄写到回件中，然后再附上答案。为避免反复交流，浪费资源，在回件时要进行必要的阐述，让对方一次性理解。如果因为出差、休假等原因无法及时接收和回复邮件，应事先请他人代为接收，尽快回复。

学习实践

情景(一)

飞翔集团公司主要业务是代理国内知名品牌的家具并销往海外。昌盛家具厂主管销售的王强经理前来拜访，洽谈合作事宜。在接待室，王强经理做了自我介绍并说明来意，由李艳秘书引领到关力总经理的办公室，经李秘书介绍后，双方交换名片、握手，开始交谈。

实践要求：1. 实训场地的准备：模拟接待室、办公室。

2. 设备及材料准备：名片、笔记本、公务包、茶具等。

3. 分配角色　以小组为单位，6 人一组，具体角色分配由学生自定。

4. 情景剧表演

场景一：王强经理来到接待室，李艳秘书接待。

场景二：在关力总经理办公室，双方会面，李秘书为双方介绍，开始交谈。

情景(二)

兴天电子科技有限公司拟于2月18日召开本年度招商会，销售部经理李杰致电创星贸易公司采购部经理王浩，邀请其参加招商会，恰巧王浩有事不在办公室，王浩的秘书接听了电话。

实践要求：1.学生分小组、分角色进行接打电话模拟演练。

2.其他小组观摩并讨论该组接打电话模拟演练礼仪的完成情况。

思考练习

1.名词解释

商务沟通礼仪

2.选择题

(1)接听电话时，拿起听筒的最佳时机应以铃声不超过(　　)为宜。

A.一声　　B.两声　　C.三声　　D.四声

(2)以下符合电话接打礼仪的是(　　)。

A.电话接通后，主动问候对方，然后自我介绍

B.比较繁忙时，可以边看资料边接听电话

C.接打电话要保持微笑及良好的姿态

D.正在通话时，又有电话铃响可以两个电话同时接听

(4)一封完整的商务电子邮件需要有(　　)等部分。

A.收件人　　B.主题　　C.正文　　D.附件

3.简答题

(1)为他人做介绍时应遵循什么原则？请简述介绍顺序。

(2)握手的基本要求是什么？

任务二　商务会议礼仪认知与实践

学习准备

1.观看APEC会议、东盟博览会、华为手机新产品发布会视频。

2.参观学校各会议室，了解会议室布局。

理论认知

一、概念

商务会议是指带有商业性质的会议。这类会议主要包括了行政性会议和业务性会议等。

行政性会议例如行政会、董事会等；业务性会议包括新产品发布会、订货会、供货会、展览会、客户答谢会、企业年会等。商务会议礼仪就是有关举办这些商务会议的礼仪规范。包括会议组织礼仪和参加会议礼仪两方面内容。

二、会议组织礼仪

(一)会前准备

1. 成立会务组

组织会务工作是一项复杂的系统工作，稍不注意就会出现难以弥补的错误。因此，凡是大中型的商务会议，主办方均要成立专门的团队，对整个会议过程的所有事务进行统一筹划安排，明确工作职责，制定工作方案及应急预案。

2. 拟发通知

一般情况下，举行正式的商务会议，需要提前向与会者下发会议通知。在会议通知上必须写明会议的主题、会议内容、日程安排、参会人员、会议组织单位、会议时间和会议地址、报到时间和地点以及与会要求等，务必保证会议通知完整、准确、规范。同时也要把通知及时送达与会者，不能耽搁或延误。

3. 布置会场

举行商务会议的场地，要根据会议人数和内容，选择大小适中、地点合理、设施齐全、有停车场、舒适安全的地方。会场布置要结合会议的性质、规模和需要来选择。不同的会议目的，要采用不同的会场布置形式，从而体现不同的意义，达到不同的气氛和效果。

(1)剧院式　在会场内面向讲台或舞台方向，座椅成排摆放，中间留出通道(图 5-2-1)。此种摆放形式能够在有限的场地内尽可能地容纳最多的人数，这种剧院式的布置形式适用于新品发布会、论坛、启动仪式、表彰大会等。

(2)圆桌式　会场布置一般使用中式圆桌，座椅围绕圆桌摆放，桌与桌之间留有过道(图 5-2-2)。常用于宴会摆台，如企业年会、中式宴会、客户答谢会、招待会、茶话会等。

(3)课桌式　在会议室内将桌椅按教室形式布置，根据会议室面积和观众人数，灵活安排布置。桌子用于放置参会者的会议资料和文具，便于听众做记录(图 5-2-3)。此种布置适用于论坛、新闻发布会、研讨会、各类培训等。

(4)回字形　将会议室里的桌子摆成中空方形，四周不留缺口，可放置合适的绿植，增加装饰效果。椅子摆放在桌子外围(图 5-2-4)。此种台型容纳人数较少，主要适用于公司例会、部门例会等。

(5)U 字形　将桌子连接着摆放成长方形，中间留空，在长方形的前端开口，通常开口处会放置投影仪、大屏幕等展示设备，椅子摆在 U 字形桌子外围(图 5-2-5)。中间留空处可放置较低的绿色植物以做装饰。一般放置多个麦克风方便自由发言。此种台型容纳人数较少，适合中型的、讨论型的会议。

图 5-2-1 剧院式摆放

图 5-2-2 圆桌式摆放

图 5-2-3 课桌式摆放

图 5-2-4 回字形摆放

图 5-2-5 U 字形摆放

4. 准备物品

准备会议资料，如会议流程、会议指南等，将其放在文件袋中或桌上，方便与会者阅读和发言。也要准备好纸、笔、请柬、工作证、出席证、席位卡等物品。如果属于业务汇报或者产品介绍的会议类型，需准备相关资料和样品，以方便为大家介绍和展示，给参会者留下深刻印象。

(二)会中礼仪

1. 会场接待

会议举行期间，要安排专人在会场内外负责接待服务工作。迎送、引导、陪同与会人员签到、就坐、领取资料等。接待人员须按正式场合要求整理仪容仪表，最好统一着装、统一发型、统一头饰。接待时注意力集中，展现良好的精神状态，始终保持真诚、热情、友善的笑容。

2. 组织签到

组织签到可掌握到会人数及具体名单，方便会议组织者根据签到情况查看缺席人员及安排下一步的工作，如就餐、住宿等。

3. 茶水服务

开会前应准备好充足的开水并在茶杯中放好茶叶，如果能掌握准确的开会时间，可以提前几分钟倒好茶水，如无法确定开会时间，则要等参会人员到场入座后，再倒水，并要双手端杯，礼貌地小声说："请喝水"，杯子把手要朝向客人，放在方便拿取的地方(图 5-2-6)。会议途中续茶时应动作轻盈、敏捷、规范。

图 5-2-6 茶水服务

4. 会议座次

商务场合中的座次多数是按照国际惯例来安排的，基本原则是：以右为上、前排为上、居中为上，面门为上、以远为上。

（1）小型会议　与会者较少，规模较小。主要有 3 种排座形式：第一种面门而坐，会议主席之座面对会议室正门，其他的与会者自左而右在其两侧就座（图 5-2-7）；第二种自由择坐，没有固定的座次，由全体与会者自由选择座位就座；第三种依景设座，会议主席之座背依会议室内的主要景致，如墙上的字画、背景墙、讲台等，其他与会者自左而右依次就坐于两侧即可。

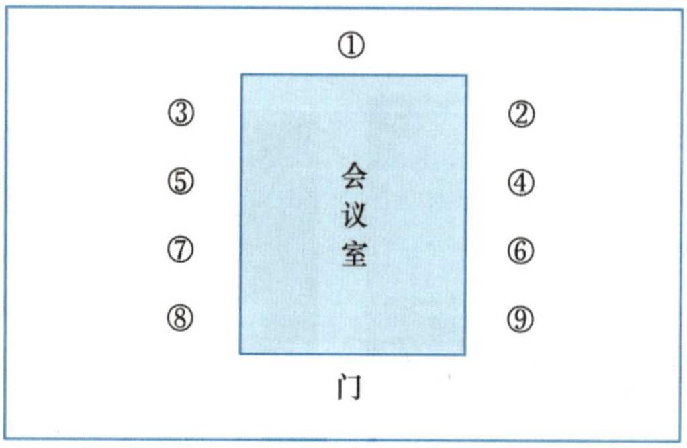

图 5-2-7　小型会议座次之面门而坐

（2）大型会议　与会者众多，规模较大。座位应按主席台式安排，分为主席台和群众席。一般来说，主席台位置要面门设置，必须排列座次、放置座次牌，以便领导对号入座。主席台的位次居中为上，前排为上。其中又有单双数之分：单数排列时，中央高于两侧，左侧高于右侧（图 5-2-8）；双数排列时，右侧高于左侧（图 5-2-9）。主持人可在前排正中，也可在前排最右侧。发言席可以设在主席台正前方或右前方。群众席可自由择座或按单位、部门或地位、行业就座。

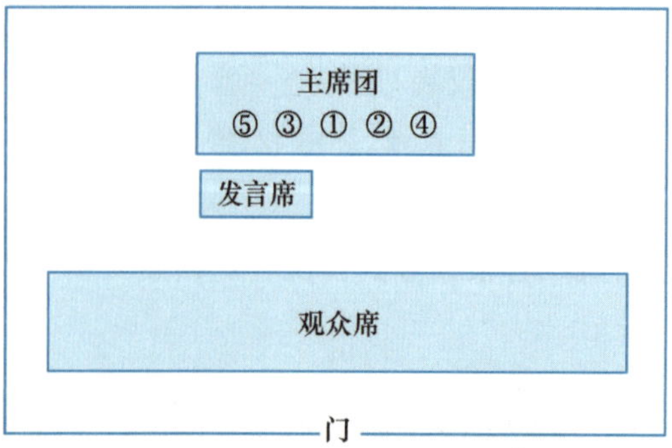

图 5-2-8　大型会议座次之单数排列

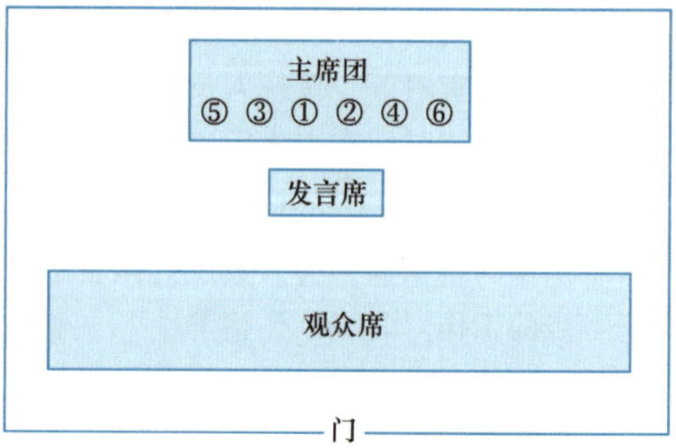

图 5-2-9　大型会议座次之双数排列

（三）会后礼仪

1. 形成文件

会后尽快形成文件，包括会议决议和会议纪要，会议结束就应下发或公布。

2. 整理资料

在会议结束后应对会上形成的会议记录、会议纪要等文件以及图文、声像材料等进行细致的收集、整理、汇总、归档。需要销毁的资料,一定要按要求全部销毁,不予留存。

3. 协助返程

商务会议结束后,工作人员应做好送客的工作。对于重要的与会者,要主动为其联系或提供交通工具,或帮助其订购返程的车票、机票等,或将其送至车站、码头、飞机场等,助其顺利返程。

三、参加会议礼仪

(一)主席台就座者礼仪

主席台上的就座者,在进入主席台时应该井然有序;若此时参加会议者鼓掌致意,主席台上就座者也应以微笑鼓掌做为回应。在会议进行中,要认真倾听发言人发言,如有非常重要和紧急的事,急需提前离开会场,应向主持人说明,在征得其同意后再离席。

(二)主持人与发言人礼仪

在商务会议上,主持人和发言人代表企业出场,被视为企业的化身和代言人。他们的礼仪表现对会议能否圆满成功有着重要的影响。

主持人和发言人都应衣着庄重、整洁、大方,精神饱满。走上主席台时应步态自然有力,体现一种自信自强、胸有成竹的风度与气质。站立时腰背挺直双腿并拢,坐姿时身体挺直双臂前伸,两手轻放于桌沿。主持和发言过程中,不要出现搔头、揉眼、抖腿等不雅动作。发言时应口齿清晰,讲究逻辑,简明扼要,语言要生动、自然、准确。发言完毕,应对听众的倾听表示谢意。

(三)工作人员礼仪

在商务会议举行期间,工作人员应着制服,迎宾小姐按照礼仪小姐的要求着装。商务人员要坚守岗位、尽职尽责,自觉维护会场秩序。举止大方得体,语言文明礼貌,服务热情周到。

(四)一般与会者礼仪

参加会议的与会者应衣着整洁大方,准时有序入场,按照会议安排落座,为保持会场肃静,开会期间要把手机设置为振动或静音状态。发言人发言结束时,应鼓掌致意。如需中途退场应轻手轻脚,不要影响他人,并向有关人员简要说明情况,表示歉意,在征得同意之后方可离席。会议结束后,整理好随身物品,摆放好桌椅,进出有序,文明退场,不喧哗,不留纸屑垃圾。

学习实践

情景(一)

捷讯公司应邀参加一个研讨会,同时受邀的还有很多商界知名人士以及新闻界人士。公司李总接到邀请后安排刘强和他一道参加。

会议上午9点正式开始。刘强早上睡过了头,等他急急忙忙赶到会场时,会议已经进行20分钟了。随着开门声,大家都把目光投向了他,他不好意思地找座位坐下。刚坐下不久,肃静的会场上又响起了清脆的流行音乐，原来是刘强的手机响了！

后来没过多久，听说刘强已经另谋高就了。

实践要求：1. 请思考，刘强在参加会议时，犯了哪些错误？

2. 小组讨论：如果你是刘强，正确的做法是什么？

3. 小组进行模拟演练，并上台进行展示。

情景（二）

全班学生分组，6人为一组进行商务会议礼仪演练。

阳光公司要为新型手机召开新产品推介会，公司领导、研发部门、市场推广部门参加，并邀请了相关部门领导、目标客户和新闻媒体。请学生们分别扮演会议组织者和会议参加者，其中有礼仪人员、接待人员、主持人、发言人、与会人员等。自己设定会议形式，根据设定进行会场布置和位次安排，注意接待礼仪和参会礼仪等。教师对表演情况进行总结，对小组讨论、学习情况进行评价。

实践要求：1. 小组讨论，设定会议形式和角色分配。

2. 分组进行模拟。

3. 其他小组对模拟演练进行评价，教师进行总结。

思考练习

1. 名词解释

商务会议礼仪

2. 简答题

（1）商务会议类型有哪些？

（2）商务场合中，座次安排的基本原则是什么？

（3）一般参会人员应注意哪些方面的参会礼仪？

3. 选择题

（1）关于会前准备做法不正确的是（　　）。

A. 及时发放会议通知　　B. 布置好会议室

C. 选择会议场所　　D. 任何会议都要在会场外摆满拱门、气球和鲜花

（2）对会议接待人员的要求说法正确的是（　　）。

A. 必须认真整理仪容仪表　　B. 要表情严肃

C. 只需做好自己份内的工作任务　　D. 以上答案都对

（3）参加会议时下列做法不正确的是（　　）。

A. 穿着要正式、整洁、合体　　B. 仪表大方得体、女士要化淡妆

C. 别人发言时可适当打断　　D. 举止文明、认真听讲

（4）会中续茶水时要注意（　　）。

A. 随时可以上去续茶　　B. 等领导招手的时候再上去

C. 可以站在发言人面前续茶水　　D. 续茶时应动作轻盈、敏捷

(5)会后,应做好下列哪些事情?(　　)

A. 整理会议文件　　B. 帮助重要客户购票并送行

C. 清理会场　　D. 以上都对

任务三　商务宴请礼仪认知与实践

学习准备

1. 观看商务宴请视频。
2. 回忆并分析参加宴请的主人和客人的相关礼仪。

理论认知

商务宴请活动中的言行举止能反映一个人的素养,进而会影响到商务活动的结果。随着社会文明的发展,商务宴请成为商务活动的重要组成部分,如何进行商务宴请,应具备什么礼仪规范,应该注意什么细节,是从事商务活动的人员必须了解和掌握的。

一、概念

商务宴请是指因商务活动需要而举行的宴饮聚会,而商务宴请礼仪是在宴请活动中需要遵守和体现的礼仪规范和要求。合乎礼仪规范的商务宴请能够展示商务交往人员的素质与水平,有益于提高商务活动的效果。

二、商务宴请礼仪准备工作

(一)确定宴请时间、地点和环境

宴请前要和被宴请方进行沟通,以确认双方或多方人员是否有时间以及多少人参加,尤其是要确定主要参加者的时间。如果宴请活动仅限于双方,则应充分考虑对方时间安排;如果是由主办方举办的大型商务活动,则以主办方的时间为主。正式的商务宴请活动要安排规格较高的酒店或宾馆,也可设在环境设施优良、服务条件较好的地方特色餐厅,以突出主人的诚意。一定要提前预定房间,确认宴请场所的具体位置。

(二)发出正式邀请

邀请方式一般有书面邀请、电话邀请和口头邀请,其中书面邀请以请柬的形式,后两种可打电话或直接口头邀请。邀请时要说明确定宴请参与人员的范围,必要时需确认人数、性别和职务级别等。发出邀请语言要规范,提前适当的时间段告知对方宴请的时间和地点。

三、商务宴请礼仪的常见形式

(一) 中餐礼仪

1. 桌次位次

一般中餐的餐桌为圆桌,按照中国传统的排位方式需注意如下原则。

(1)多桌同向　如是大型宴会场所,各桌的主位都要与主桌主位保持同一方向。

(2)以远为上　如果多桌纵向排列,则按照距离宴会厅正门的远近作为标准,距门越远则位次就越高贵。正式的餐会应在桌面摆上名牌,入座者须按名字入座,但无论是否摆放名牌,安排位次需要注意如下原则:一是居中为尊,多人就餐时,居中坐者为身份最高者。二是以右为上,两边位次则依次以右为上,左为下。一般主人右侧安排第一主宾,其他主宾在主人左侧或第一主宾右侧,也可变通安排(图 5-3-1);女主人的右侧安排主宾夫人;为方便双方沟通交流,主方陪客要尽可能与客人相互交叉就座。

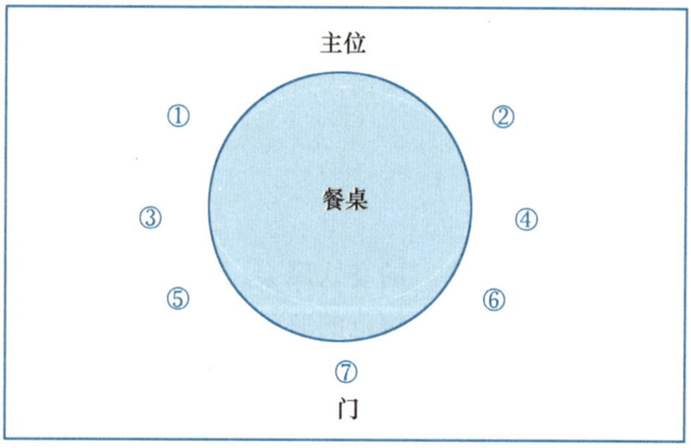

图 5-3-1　中餐座次

(3)面门为上　如果餐桌正对门,则应以面对正门者为上座,以背对正门者为下座。

(4)临台为上　如果宴会厅内有讲台,那么以距讲台最近的餐桌为主台;如无讲台,则以背靠主要景观的餐桌为主桌,依次排列下去。

(5)观景为佳　一些高档餐厅如有室内演出,则应以观赏演出效果最佳处为上座。

(6)临墙为好　当用餐环境不佳时,上座往往为靠墙之位,而靠过道之位因有来往者干扰为下座。

2. 菜单安排

中餐菜单可选择特色菜、地方菜、看家菜等。选菜时,需回避进餐者的宗教禁忌、地方禁忌、职业禁忌和个人禁忌。中餐菜单包括:冷盘、热菜、主菜、点心、汤、水果拼盘。酒水选择白酒,可以选择当地特产名酒。如有女性宾客可另外准备红酒和饮料。

3. 用餐礼仪

用餐时倒茶与斟酒应从宾客右手边进行,一般按照先宾后主、先女宾后男宾的顺序进行,酒斟八分，茶倒七分，不要过满。上菜按照先冷菜后热菜的顺序进行，从主宾对面席位的左侧上热菜，然后转动餐桌托盘到主宾位置。主人举杯致辞示意后正式开餐，客人共同举杯感谢主人盛情款待。用餐时主人要礼貌介绍菜式特点，但不要反复劝菜或为对方夹菜，要尊重客人进餐习惯。用餐时动作幅度要小，夹菜时注意不要碰触邻座客人，尽量降低咀嚼和餐具碰撞等不必要的声音。使用公筷、公勺，注意分餐卫生。

4. 被宴请方礼仪

接到宴请的请柬应尽快答复，告知参加人数等情况。参加宴请前，注意仪表整洁，服饰大方合体，以示对宴请活动的尊重。准时赴宴，守时是最好的礼仪和尊重，如果确实不能准时到达，应提前电话告知宴请组织者并致歉。注重礼节，到达后要热情地与主人打招呼，对来宾无论认识与否都要问好或者点头微笑致意。遵照宴会安排入席，男士要体现绅士风度，应该主动为女士拉出座椅，注意坐姿优雅端正。文明用餐，用餐过程中注意礼仪交往，适当配合用餐气氛。正式开餐前，主人应先举杯致欢迎词并介绍重要来宾，被宴请方要对宴请方表示感谢。如中途需要提前离席，应向主人简略说明原由，并向同席者礼貌致歉后方可离开。宴请开始或结束都应听从主人安排，不可提前开始进餐和擅自提前离席，散席后要与主人礼貌道别。

（二）西餐礼仪

1. 座次排列

西餐所用的餐桌有长桌、圆桌和方桌等，但以长桌最为常用。下面以长桌为例，简单介绍西餐餐桌上的座次排列规则。

第一种：男女主人坐在长桌中央对面而坐（图 5-3-2）。

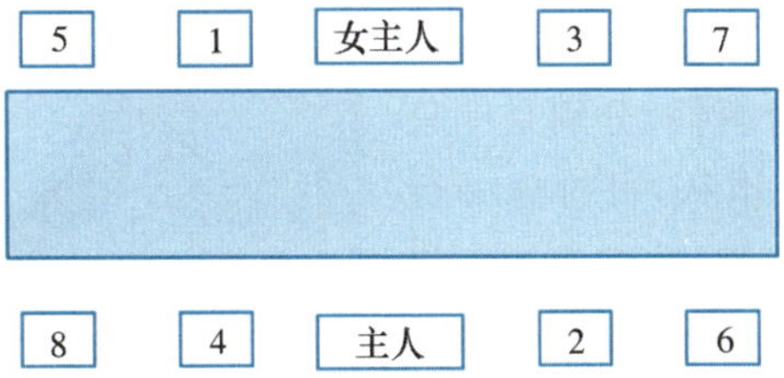

图 5-3-2　西餐座次排列（一）

第二种：男女主人分别就座于长桌两端（图 5-3-3）。

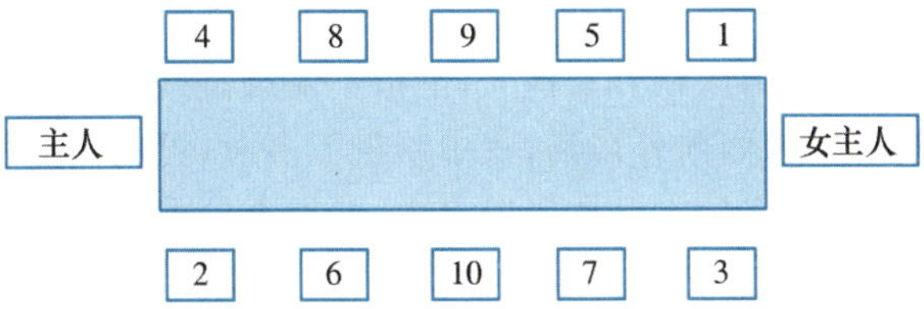

图 5-3-3　西餐座次排列（二）

2. 排列规则

（1）面门为上　西餐桌以面对餐厅正门的位置安排最尊贵客人。

(2)女士优先　西餐礼仪要充分体现尊重女士原则,男士应主动为女士服务。

(3)以右为尊　女主宾应安排在男主人右边位置,男主宾应安排在女主人右边位置。

(4)恭敬主宾　主宾往往是主人关注的中心。在安排座位时,男女主宾分别紧靠女主人和男主人就座。

(5)距离定位　西餐桌上常以距离主位远近为标准确定位次的尊卑。

(6)交叉排列　正式西餐宴会,遵循位次排列男女交叉、生人与熟人交叉就座的原则。

3. 西餐菜序

西餐正餐一般由“一主六配”构成,即西餐一般有6、7道菜。但每道只有一种,一道为主菜,其他为配菜。头盘是开胃菜或开胃酒,以咸、酸口味为主,常见有鹅肝酱、沙拉、鱼子酱和鸡尾酒等。主菜主要是肉、禽类菜肴。副菜则通常是水产类、蛋类、沙拉(蔬菜类菜肴也称为沙拉)、面包类和酥盒菜肴。汤类一般是海鲜汤、奶油汤、罗宋汤、牛尾清汤、蛤蜊汤、蔬菜汤等。甜点有奶酪、布丁、冰激凌、水果等。餐前有开胃酒;进餐中白肉配白酒,红肉则配红酒;餐后有利口酒。饮品一般是红茶或无糖黑咖啡,可帮助消化。

4. 餐具摆放

西餐的餐具包括餐盘、餐巾、餐刀、餐叉、酒杯和汤匙。一般讲究吃不同的菜要用不同的刀叉,饮不同的酒也要有不同的酒杯。正确的摆放方式是:餐盘摆放在就餐者面前正中心,吃盘在上,垫盘在下;餐巾叠放整齐放在餐盘中或插在水杯里,也有放在餐盘右侧的;餐盘左侧放叉,右侧放刀,且齿方向朝上,刀刃方向朝内。黄油餐刀置于餐盘左侧的黄油盘内,刀刃朝内。餐刀的右上方为酒杯,分别是一只白酒杯、一只红酒杯和一只水杯,可排成一行或三角形。汤匙置于餐刀右侧,匙心向上。甜品匙一般与吃甜品的刀叉一起横放在餐盘正上方(图5-3-4)。

图5-3-4　西餐的餐具摆放

5. 用餐礼仪

在正式的西餐宴会上,餐位前一般会摆放3～4套刀叉,每一道菜用一套刀叉,按照从外向内顺次取用。用餐刀切割食物为适宜入口的分量,然后用餐叉送入口中。刀叉的正确握法是双手轻握住刀叉柄的尾端,食指压在刀叉柄上,手指不要触碰到刀背。一般刀叉用完时相应上菜过程基本结束。舀汤时应由内向外舀汤,盘中汤量不多时,可将汤盘用左手略向外倾再用匙舀尽。舀汤时压低声音,汤用完后将汤匙轻置盘中,匙把方向朝着自己。餐巾应平铺置于自己并拢的大腿上,正方形的餐巾,应将它折成等腰三角形,直角朝向膝盖,长方形餐巾则应对折,折口向外平铺在腿上。餐巾的打开、折放应不影响他人在桌下悄然进行。餐巾可保护服装,防止菜肴、汁汤弄脏衣服;也可以用来揩拭口部,通常用其内侧,但不能用其擦脸、擦汗、擦餐具;还可以用来遮掩口部,在要剔牙或吐出嘴中的东西时,防止失态可用餐巾遮掩。另外,餐巾还有暗示作用,西餐以女主人为第一主人,当女主人铺开餐巾时,暗示用餐开始;当女主人把餐巾放到桌上时，暗示用餐结束；就餐者如果中途离开，一会儿还要回来继续用餐，要将餐巾放在本人的椅面上，如果放在桌面上，则暗示我不再吃了，可以撤掉。

（三）自助餐礼仪

自助餐也是商务活动中经常进行的餐饮方式，这种形式方便快捷、相对自由，备受用餐者欢迎。但自助餐往往用餐人员数量较多，就餐时间相对集中，就餐者需要自行取用，应遵守文明排队，尽快取餐，以公用的餐具取用食物入盘，应遵守取用适度，多样少取，现场吃饱，谢绝外带，照顾他人，适度交际的自助餐礼仪。

学习实践

情　景

阳光集团拟定宴请合作方法国公司高层人员，时间定在本周二晚7:00，地点为万尚酒店。中方公司总经理李庆、副总经理、开发部总监和技术总监出席。对方总经理马龙、副总经理和市场部总监出席。

实践要求：1.请模拟安排邀请活动，邀请对方参加本次宴请，注意细节和用语。

2.宴请开始前，请你根据所学知识安排本次宴请座次。本次宴请可以是中餐或者西餐，分别进行座次安排和餐具摆放模拟训练。

3.请两位模拟服务员给客人上菜，并给每位客人倒茶、斟酒。

4.将同学分为两组，分别扮演中方和法方，模拟席间用餐礼仪。

思考练习

1.简答题

（1）商务宴请礼仪的常见形式有哪些？

（2）进行商务宴请需要做好哪些准备工作？

2.判断题

（1）西餐桌上礼仪是以右为尊：在安排座位时，女主宾安排在男主人右边，男主宾安排在女主人右边。（　）

（2）西餐在安排座位时，男女主宾分别紧靠着女主人和男主人就座。（　）

（3）倒茶和斟酒应该是在宾客右手边进行，按照先主后宾、先男后女的顺序。（　）

（4）用餐过程中如不得已需要提前离席，应悄悄离开，尽量不要惊动他人。（　）

（5）一般西餐餐具摆放把汤匙放在餐刀右侧，匙心向下。（　）

（6）自助餐饭菜花样多，可满足需求，因而可随意大量取用，不必在意别人眼光。（　）

3.思考题

在商务宴请活动中，如果你是宴请方的公关部工作人员，你会如何安排一次宴请商业合作伙伴的活动？需要做好哪些工作？

任务四　情景模拟实践

一、实训目标

1.熟练掌握商务礼仪中拨打电话、接发邮件、安排会议、餐饮等活动的礼仪要求。

2.能够根据商务活动不同岗位职责，进行礼仪设计安排。

3.熟练运用商务礼仪规范和礼仪形式做好商务活动服务。

二、场景设计

卓越广告公司在积极筹备年会活动，吴迪作为公关部经理，负责此次活动的总体安排。首先，他们安排邀请电视台、报社及数家知名企业前来参加活动，租用某酒店会议室和餐厅作为活动场地。

场景一：吴迪用拨打电话的方式分别和电视台、报社及数家知名企业进行联系，邀请对方参加年会活动，并把会议通知用电子邮件发送给对方。

场景二：吴迪带领工作人员进行会场布置：安排主席台座位、发言席、听众席；与酒店餐厅确定菜单和酒水，安排桌位和座位并摆放名牌。

年会如期举办，与会人员共60人左右。主要领导电视台台长、宏达公司王董事长、报社赵副主编、泰阳公司刘总经理、李副总经理以及各公司市场部总监、产品部总监、合作方代表及其他随行工作人员等陆续到达会场。吴迪为公司领导和来宾做相互介绍。

场景三：按时进入会场后，参会人员都把手机调成静音模式。

场景四：会议进行前，作为礼仪服务人员，李敏为领导倒茶水。

场景五：主席台领导就坐，参会人员听众席就座，礼仪人员做好接待工作。音乐响起，主持人登台，宣布会议开始，全体热烈鼓掌。

场景六：表彰过程中，由颁奖嘉宾颁奖，受表彰人员登台领奖。

场景七：会议结束，领导退场。参会人员也纷纷退场，带走资料等物品。工作人员整理清洁会场。

场景八：工作人员安排引领大家到酒店大厅用中餐。各位来宾依次按名牌就坐，由公司总经理致祝酒词。

场景九：餐后，吴迪陪同公司领导送别参会主要领导，会议圆满结束。

三、实训步骤

1.组建模拟演练小组：按照6～8人划分为若干模拟演练小组，每组推选一名组长。

2.设计模拟演练：各小组根据各个场景进行现场模拟并正确示范。

3.模拟演练：

第一，小组成员布置场景。

第二，由组长说明模拟主题和模拟环节。

第三，各位组员自我介绍及说明担任的角色。

第四，进入情景模拟。

第五，拍摄记录：由其他组负责拍摄记录，便于教师点评。

4. 教师点评，根据评价表（表 5-4-1）给出小组成绩。

5. 每人同学撰写一份情景模拟演练的实训报告（表 5-4-2）。

四、效果评价

表 5-4-1　情景模拟评价表

序号	评价要点	分值	评价说明	得分
1	情节设计	10	情节合理，紧凑	
2	仪容	10	符合职业要求，女生化淡妆，男生仪表整洁卫生	
3	仪表	10	着装得体，职业装穿着规范	
4	仪态	10	坐立行走规范、动作熟练	
5	表情	10	表情自然，微笑和眼神的运用得当	
6	语言表达	10	清晰流畅，交流自然，用语文明、准确、恰当	
7	专业表现	10	体现一定的礼仪规范	
8	表演熟练程度	10	表演衔接顺畅	
9	团队合作	10	角色分配合理，配合默契	
10	整体评价	10	情景模拟整体效果	
总分				

表 5-4-2　情景模拟演练实训报告

班级		学号		姓名		成绩	
模拟演练主题							
实训目的							
实训背景							
实训要求							

续表 5-5-2

实训心得	
实训评价	（指导教师填写） 教师签名：

项目评价反馈

一、小组评价（表 5-4-3）

表 5-4-3　小组评价

序号	评价项目	评价情况
1	与其他同学口头交流学习内容是否流畅	☆ ☆ ☆ ☆ ☆
2	是否尊重他人	☆ ☆ ☆ ☆ ☆
3	学习态度是否积极主动	☆ ☆ ☆ ☆ ☆
4	是否服从教师的教学安排	☆ ☆ ☆ ☆ ☆
5	着装是否符合标准	☆ ☆ ☆ ☆ ☆
6	能否按照安全和规范的规程操作	☆ ☆ ☆ ☆ ☆
7	是否能保持学习环境的干净整洁	☆ ☆ ☆ ☆ ☆
8	是否遵守学习场所的规章制度	☆ ☆ ☆ ☆ ☆
9	是否有工作岗位的责任心	☆ ☆ ☆ ☆ ☆
10	团队学习中主动与合作的情况如何	☆ ☆ ☆ ☆ ☆

参与评价的同学签名＿＿＿＿＿＿＿＿＿＿＿＿＿＿

二、教师评价

1. 对实践操作的点评____________________

2. 对学习过程的总体评价____________________

教师签名____________________

三、学生评价

1. 对教师授课效果的评价____________________

2. 对学习效果的评价____________________

学生签名____________________

项目六

服务礼仪认知与实践

学习目标

1. 了解服务礼仪的概念、职能。
2. 理解服务礼仪的形象、意识和工作要求。
3. 掌握餐饮业、店面销售、医疗护理和物业服务礼仪的基本实践技能。

任务描述

本项目分为服务礼仪认知、典型服务礼仪实践2个任务。通过本项目的学习和对当地服务礼仪情况的调查，让学生认识服务业礼仪的基本要求，总结常见服务礼仪的实践特点；培养查阅资料、观察分析、调查研究、勤于总结和沟通协作等职业素质，切实提高服务礼仪水平。

内容结构

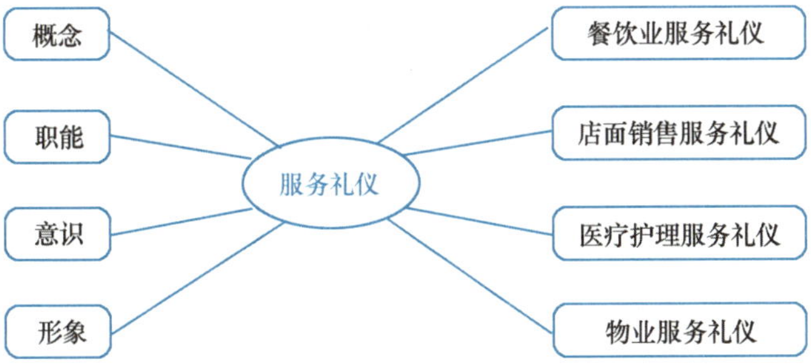

成语话礼

孔融让梨

孔融让梨成语见《后汉书·孔融传》："年四岁时，与诸兄共食梨，融辄引小者。大人问其故，答曰：'我小儿，法当取小者。'由是宗族奇之。"这个故事告诉人们，凡事应该遵守公序良俗。

任务一　服务礼仪认知

学习准备

1. 到图书馆或资料室，查找有关服务礼仪的信息。

2. 观看电视剧《杜拉拉升职记》《好先生》等包含服务的影视剧片段，总结涉及的相关服务礼仪。

影视剧片段 1

影视剧片段 2

理论认知

服务业作为国民经济产业结构中的第三产业，是涉及领域最广的行业大类，在促进经济协调发展，保持社会和谐稳定方面有着十分重要的作用。讲究礼仪向来是中华民族的传统美德，良好的服务礼仪有助于市场主体提高声誉度、树立良好形象，提升核心竞争力，对市场主体的经营和发展壮大起着决定性的作用。尤其是服务业快速发展的当代，要想在激烈竞争的大浪潮中站稳脚跟，服务企业必须要重视对员工服务礼仪方面的培训，才可能全面提升业绩水平，使企业立于不败之地。

一、概念

服务礼仪是服务人员在工作岗位上，通过行为举止、言谈表情等，对客户表示友好和尊重的行为准则和惯例，是服务人员在工作场合适用的礼仪规范和工作艺术。服务礼仪是体现服务的具体手段和过程，服务礼仪能够使无形的服务具象化、规范化、系统化。规范、系统的服务礼仪，不仅可以树立服务人员和服务企业良好的形象，更能让服务人员在和客户交往的过程中赢得好感和信任。

二、服务礼仪的职能

系统、规范的服务礼仪，可以提升服务人员和服务企业的形象，更可以建立起受客户欢迎的标准服务规范，提升服务技巧，最终促进企业营收和社会和谐。

三、服务意识

服务意识指企业全体员工在一切企业利益相关的人或企业的交往中所体现的为其提供热情、周到、主动的服务的欲望和意识，即自觉主动地做好服务工作的一种观念和愿望。服务意识是服务人员发自内心的一种习惯和本能，是能够通过培养和训练来养成的。良好的服务意识，能够树立良好的企业形象，开拓更多的客户资源，也能促使个人服务水平提升。从现实角度来说，也能使服务人员获取更高的劳动报酬，收获工作认同感和愉快的心情。

良好的服务意识，要求在服务实践中必须做到以下几点。

（一）视顾客为亲友

只有用真挚的情感去服务和接待每一位顾客，才能够赢得顾客对公司的关注和支持，进而促进公司和顾客的关系进入良性循环。在服务实践的过程中，要把顾客视为亲友，而不是作为陌生人相待，应以微笑的姿态、饱满的热情欢迎每一位顾客的光临。在为顾客服务时，要换位思考，做到想顾客之所想，急顾客之所急，体察顾客心理，解决好顾客的难题。

(二)顾客永远是对的

随着市场经济的迅速发展、对消费者的权益保障日益完善，有企业提出了“顾客就是上帝”的理念，而“顾客永远是对的”这句话，就是这种理念的具体体现。当然，这句话并非是说顾客的话就是真理，而是要给顾客营造一种受到尊重的氛围，让他觉得服务企业在充分考虑他的意见和建议，从而在服务过程中收获认同感和幸福感，提升服务质量，促进优质交易的形成。

(三)把顾客视为公司的主宰

服务企业的经济属性，决定了谋求更高盈利是原始经营动机，而顾客的消费行为，是盈利的根本来源。公司的社会属性，则是服务和奉献的统一。把顾客视为公司的主宰，既是经营活动的客观需要，也体现了奉献社会和获取经济利益相统一的服务理念。

(四)强化服务理念更新，提升服务品位

人的行为是由理念支配的，企业的服务面貌是由服务理念决定的。市场经济的快速发展，带来了企业服务竞争的升级，也对企业服务理念的更新提出了更为迫切的要求。在现代服务理念主导下，要把服务意识问题提高到战略高度来认识，不断提升服务品位，追求更高服务目标，创造本公司的服务特色。

四、服务形象

服务人员在工作岗位上的仪表、举止、着装和言行，不仅关系到自身形象，而且还被视为公司形象的具体化身，因而服务人员必须具备良好的服务形象。良好的服务形象，首先应满足以下通用的服务礼仪规范。

(一)标准化用语

常言道:“良言一句三冬暖，恶语伤人六月寒。”谦和礼貌的语言能够带给顾客良好的消费体验。学会十一字文明礼貌用语:“请、您、您好、对不起、谢谢、再见”，并熟练运用，逐步形成习惯。比如，每一天的服务工作都在“早上好、您好、您早”等温暖的问候中开始，在服务过程中，要做到“请字不离口、谢字随身走”，在服务失误时，注意及时使用抱歉语“对不起！请原谅!”等。

(二)规范的动作

1. 端正地站

站立服务时，挺胸，抬头，收腹，双眼目视前方。腰腿挺直，后脑、背、臀、脚形成一条直线，呈现一种端正、挺拔、典雅的气质。双臂自然下垂，或者交插叠放在小腹处，右手在上，左手在下。

2. 稳重地坐

以坐姿服务时，要注意“不满坐是谦恭”，通常坐满椅子的 2/3 处即可。背部挺直，身体稍

向前倾，表示可随时接受询问，体现出谦虚与尊重，绝不能懒懒散散地半躺在椅背上。女士坐时，膝盖不可以分开，一定要并起来，脚可以放中间或者侧边，双手叠放在腿上。如果裙子较短要小心盖住，采用重叠式坐姿。翘腿时上面的腿要注意收紧，脚尖下压，既不能用脚尖指向别人，也不能上下抖动。

3. 优雅地走

服务时若需要步行，要注意姿势轻盈又不失稳重。挺胸收腹，腰背挺直，两眼平视前方，既不要过分摇摆，也不要左顾右盼。步伐平稳，速度均匀，两腿有节奏地交替向前，脚的方向呈近似直线，避免“内八字”或“外八字”的步态，同时两臂在身体两侧自然摆动。

(三)通用服务接待礼仪

(1)二人同行时，以右为尊，以前为尊，安全为尊；三人同行时，以中为尊，右侧次之；四人同行时，应分成两排，以前排为尊。

(2)在需要为客人引导时，应走在客人的左前方2～3步处，并与客人的步伐保持一致。在指示方向时，不可用手指指人，应手掌并拢手心朝上做指示动作。

(3)进出房间时，若向内推门则自己先入，若向外开门则自己后入，若为自动门则自己随顾客身后。上楼梯时，让客人先上，下楼梯时，服务者先下。即要让客人始终在较高位置上。但如果男女同行上楼梯，为防止尴尬，应男在前女在后，或男士在左侧同行。

(4)使用电梯时，如果电梯内没有其他人，应在顾客之前进入电梯，按住开门按钮，再请顾客进入电梯。在出电梯时，按住开门按钮，请顾客先出电梯。在电梯内有人时，无论上下都应请顾客优先。

(5)接打服务电话时，要在3声内及时接听。如果电话长久响铃后后才接起，要先表示歉意，如“不好意思，让您久等了”。接听电话时，应先问候并自报家门。接听前应初步确定来电来源是外部还是内部，以便报出公司或部门名称。接听电话时要面带微笑，虽然对方看不到，却可以通过声音感受到你的表情。声音要亲切、愉快，不可音调低沉，例行公事般地机械回复，通话结束后等顾客先挂断。若是拨打服务电话，最好避开节假日、午休时间、晚上21:00至次日6:00、临近下班时间等时间段，以免造成打扰。如非特殊情况，通话不宜超过3分钟。

五、工作自律

服务行业工作过程中，赢得服务对象的尊重与认可，是取得成功的关键环节。这就要求服务人员遵纪守法、诚实守信、勤勤恳恳、爱岗敬业、严于律己，不断提升自己的业务水平、职业道德修养和服务意识，维护个人和公司的良好形象。

学习实践

情　景

小刘是某豪华车品牌4S店销售员，经理要求他对一名表现出购车意向的潜在客户电话进行需求调查，并尽可能邀请其到店试驾。小刘整理思路，查阅资料后，拿起了电话。

实践要求：1. 学生分组讨论，选取一组来说一说，如果你是小刘，该如何礼貌地询问并表达邀请？

2. 换位思考，如果你是这名客户，销售员小刘如何沟通不会引起你的反感，并欣然接受？

3. 其他小组观摩该组完成情况，并讨论其他行业接打电话需要注意的礼仪。

思考练习

1. 名词解释

服务礼仪　　服务意识

2. 简答题

(1)该如何从根本上培养服务人员良好的服务意识？

(2)你认为的工作自律包括哪些方面？

(3)从自身经历出发，谈谈服务礼仪对于企业经营的重要性。

任务二　典型服务礼仪认知与实践

学习准备

1. 根据专业类型，选取部分场景，到当地实际考察餐饮、店面销售、医疗等行业的服务礼仪应用情况。

2. 根据专业类型，观看电影《泰坦尼克号》《窈窕绅士》《中国医生》等影视剧片段，了解相关行业礼仪规范。

3. 预习学习实践内容，根据专业类型和选取场景准备服装、托盘、碗筷等道具。

理论认知

管理大师彼得·德鲁克告诫我们："衡量一个企业是否兴旺发达，只要回头看看其身后的顾客队伍有多长就一清二楚了。"顾客登门是服务业经营的前提和根本，很多时候，导致顾客不再光顾的原因，并非由于商品价格、设施品种等方面的因素，而是因为服务人员缺乏礼貌和热情。沃伦·巴菲特说过："树立良好的声誉，需要二十年的时间，而毁掉它，五分钟就足够了。如果你能考虑到这一点，你就会讲究礼仪了。"

一、餐饮业服务礼仪

(一)服务形象

服务人员管理好自身形象是酒店服务工作的需要，也是服务人员自信自尊的体现。客人到餐厅就餐，不仅享受美食酒水，更要享受餐厅的优质服务。良好的服务形象不仅可以带给宾客美的享受，同时也体现出对客人的重视和尊重，有助于提高餐厅的服务质量，提高餐饮业的整体形象。

1. 餐厅女服务员的形象要求

图 6-2-1　餐厅女服务员仪表

餐厅女服务员是一道流动的风景。首先要保持好个人卫生，面带微笑、精神饱满，服务规范、彬彬有礼，行动迅速、反应敏捷。发型要求前不挡过眉毛，后面完全盘起来，不能梳披肩发，不能染色，不能梳奇异发型。淡妆上岗，不能浓妆艳抹。保持手部干净整洁，不能留长指甲，不能涂指甲油(图 6-2-1)。

上衣干净整洁，所有纽扣全部扣好，口袋内不能放过多的物品，避免导致衣服变形。不能佩戴耳饰、项链、戒指、手链等。穿浅色丝袜，不能穿黑色丝袜上岗，鞋子一般为皮鞋，要干净整洁，与服装搭配。裙子要无褶皱，平整干净。

2. 餐厅男服务员形象要求

餐厅男服务员要自然大方、精神饱满，服务规范、彬彬有礼，刚柔并济，头发干净、清爽。胡须要每天修整，面部保持清洁。上岗前不吃带有刺激性气味的食品，保持口气清新，上岗后不能嚼口香糖。不能使用气味浓烈的香水。

衬衫领子保持干净，白色衬衫应每天更换。领带与服装搭配，保持平整，扣好所有纽扣。上衣口袋不能装过多物品，防止变形。裤子熨烫平整，保持干净。着深色袜子，每天更换，保持鞋面干净、整洁(图 6-2-2)。

图 6-2-2　餐厅男服务员仪表

(二)订餐服务

电话铃响 3 声以内接听电话。礼貌地向客人问好后，通报餐厅和自己的姓名，表示愿意提供服务。询问客人需要哪些帮助，客人提出预订要求后，确认是否可以接受预订，再与客人进一步洽谈。

主动询问清楚客人的要求，包括日期、时间、人数、性质、客人姓名、单位名称、联系电话及服务特殊要求等问题。称呼客人姓氏，以示对客人的尊重，耐心倾听客人要求，妥善回答客人问题。征得客人同意后安排好相应的包房或餐台，并告知客人。一边倾听一边填写预订单，复述预订的内容，请客人确认，告知客人预订餐位的最后保留时间。通话结束时，向客人致谢并道别，客人挂断电话后再放下电话。

(三)迎宾引领服务

迎宾员是餐厅的窗口，是顾客首先接触的服务人员，并且要在就餐结束后送走客人，因而对迎宾员的形象与综合素质要求很高。

迎宾员在客人未到之前，应整理好个人仪容仪表，准备好迎宾用品，清洁迎宾区域的卫生，熟悉预订情况。在餐厅门口按照站姿标准站位等待，客人来到餐厅时，迎宾员应面带微笑主动上前问好。如客人已预订，迎宾员应热情地引领客人入座，如客人没有预订，迎宾员则应礼貌地将客人安排到满意的餐台就餐。

(四)点菜服务

点菜服务十分重要，服务员不仅要熟悉菜单，还要了解宾客的就餐心理，洞察宾客真实需求。当客人入座后，服务员打开菜单第一页，双手呈给主人。如不能确定主人，可征询客人意见确定点菜人。站在宾客右侧，左手持点菜单(点菜机)，右手持笔，身体微前倾，认真倾听客人的叙述。适时介绍菜肴特点，根据需求推荐特色菜。依据就餐人数介绍菜肴数量，适时提出合理建议，认真回答客人提问，特殊菜肴要向客人说明。客人点菜时要迅速、准确地记录菜肴，填写点菜单表头、台号、人数以及菜式的品名和数量。点完菜后复述客人所点菜肴，请客人确认。询问酒水、饮料需求，并记录清晰(同点菜要求)。然后收回菜单和酒单，礼貌致谢，请客人稍等，落单下厨(图 6-2-3)。

图 6-2-3　点菜服务

(五)结账服务

上菜完毕后，值台服务员要到收银处核对菜单，做好结账准备。客人要求结账时要请客人稍候，立即去收银台取账单。将账单放入账单夹内，打开账单夹时账单正面朝向客人，准备结账用笔。走到客人右侧，右手持账单夹上端，左手轻托账单夹下端，打开账单夹，递至客人面前，请客人看账单，低声对客人说："这是您的账单，请过目。"

客人现金结账，服务员应在餐桌旁当面清点钱款，核对无误后礼貌地请客人稍候。将账单和现金交收银员结账时要精神专注，核对找零及账单上联是否正确。将账单上联和找回的零钱放到结账夹内，返回站在客人右侧，打开账单夹，递给客人并说："这是找您的零钱，请收好。"然后礼貌致谢。使用信用卡结账时，首先要确认是否是饭店接纳的信用卡，将账单和信用卡送至收银处，请客人在账单和卡单上签字，并检查签字是否与信用卡上一致，将账单第一联和信用卡单中的客人存根页及信用卡还给客人后礼貌致谢。使用电子支付手段结账时，礼貌地请客人扫描收款码或出示付款码，核对金额，在客户输入密码时要主动避嫌，耐心等待支付完成后与顾客再次核对清楚后礼貌致谢。

二、店面销售服务礼仪

(一)销售人员的仪容仪表要求

1. 衣着规范

销售人员应该注意扣齐衣服的纽扣，不要敞开外衣和卷起袖口、裤腿。工作牌戴在上衣口袋居中位置。工作服要勤换洗。假如商场不发统一的着装，就穿不太保守也不过于时髦的朴实大方的衣服。服装不能只有单一款式，不同的季节可以有多样的搭配。

2. 发型应该整洁利落

销售人员最好使用大众常见的发型，不要把头发理成各种奇异的造型。如有染发，不可染为过于夸张的颜色。总之，不要给人油头粉面、浮夸轻佻的感觉。

3. 注意面部修饰

销售人员应该注意保持面部洁净，化妆时采用适当、自然的淡妆，清除过长的胡须、鼻毛、汗毛等，避免黑眼圈和糟糕的脸色。

4. 饰物方面的要求

这里的饰物主要是指头饰、耳环、项链、手链、脚链、戒指等。除了某些特殊的工作岗位外，销售人员可以适当佩戴饰物。如果戴饰物的话，应该注意少而精，选择跟着装风格搭配的饰物。如果是较严肃的销售场合，最好不要戴多余的饰物(图 6-2-4)。

图 6-2-4　店面销售人员仪容仪表

(二)销售人员的仪态要求

1. 眼神

销售人员在与顾客交谈时，大部分的时间应注视对方两眼和嘴之间的三角区域，以表示对顾客的尊重。特别是顾客提问时，绝不能东张西望、心不在焉。注视时应该采用正视，而不能斜视、瞟、翻白眼、半睁半闭等。眼神应该亲切、自然，不可咄咄逼人或者抛媚眼。

2. 微笑

保持和善的微笑，是销售人员最基本的仪态要求。微笑时不可皮笑肉不笑，不光是嘴角上扬，眼睛也要带有笑意，肢体语言和表情相结合，这样才能表现出喜悦之情。销售人员应该时刻调整心态，把快乐和热情随时传递给顾客。

3. 手势

手势是最重要的肢体语言。销售人员在做产品展示或者异议处理时，手势都将起到重要作用。销售人员的手势应该优美得体，不要变成手舞足蹈，也不要过于浮夸。避免把手插在口袋里，展示产品时要轻拿轻放(图 6-2-5)。

图 6-2-5　销售人员做产品展示的手势

4. 站姿

销售人员站立时应该头部摆正、腰背挺直、收紧小腹、双眼目视前方、双腿自然伸直、双脚并拢呈 45 度、两臂自然下垂或交于腹部。不可以倚墙或者趴在柜台站立，也不能左右摇摆或者单腿弯曲抖动。

5. 坐姿

销售人员通常站立工作，坐的机会较少，如果不端正的坐姿被顾客看到，会留下很坏的印象。坐下时应该腰背挺直，女士双膝应紧紧并拢，男士可稍微分开。与顾客交谈时，身体稍前倾，表示在耐心倾听。叠腿坐时，脚尖下压不能对人，不可跷二郎腿。

6. 走姿

销售人员走路时，应该注意腰背挺直略向前倾，目视前方，手臂随步伐自然摆动，步频和步幅要适当，不可慌慌张张或者散漫闲逛。要避免走"外八字"或"内八字"步。走路遇到顾客时要主动礼让。

(三)销售人员语言要求

1. 语言基本原则

服务时使用标准的普通话(也可针对顾客人群使用当地语言)，交谈语言应明确精练、通俗易懂，特别是对于专业性质较强的指标、术语等，要做好解释。对话时要尊重对方，注意倾听，使用敬语和谦语。采取委婉的表达方式，声音大小要适当。

2. 规范常用礼貌用语

销售人员要常使用"欢迎光临"来表示欢迎，在打招呼的同时，注意语调因人而异，接待年轻的顾客时，语调宜轻快活泼为主，若接待较年长的顾客，语调则应略为稳重低沉。在店门口迎接顾客时，要面带微笑，较远距离即应主动点头表示欢迎。只要发生让顾客等待的情况，不管等待的时间长短，都要说"请您稍等"，并可简短阐述让顾客等待的理由。顾客拥挤时，应特别注意礼貌待客，防止投诉发生。合理利用"时间差"，在前一位顾客挑选时，接待后一位顾客，并对等待的顾客及时招呼"马上就来"，如此循环往复，防止因招呼不周引起纠纷。在取到商品呈交顾客时要致歉，可以说"很抱歉，让您久等了"。对顾客的要求无法满足时要表示歉意，例如"真对不起，这种商品刚好售罄。您可以留下姓名和电话，到货后马上通知您，好吗?"等。除上述固定情景外，在日常交谈过程中，均要多使用表示尊敬的文明礼貌用语，如"请""您好""谢谢""再见"等，任何时候都不可以对顾客使用"喂""哎"等不礼貌的代称。

3. 迎合顾客心理，讲究语言艺术

销售时要多换位思考，使用有利于销售又为顾客着想的话语。说话态度要表现尊重和关心，使用委婉亲切、得体中听的说话方式，并从言谈举止上让顾客感到你并不是在销售产品，而是站在他的立场上，帮助他选择产品解决问题。例如，顾客远道而来，可以说："既然这么远来一趟，就多看看，买不买都没关系，多了解也有利于以后的选择。"当顾客精挑细选了很长时间却仍未能做出决定时，可以说"不用着急，您慢慢选"，显示出对顾客的耐心、理解和支持。顾客实在犹豫不决时，也可以给予适当建议，例如："您身材比较苗条，这一款看起来更加大方得体。"千万避免用忌讳的话，如"这么低的价上哪找去，还要挑来挑去。"这不仅会引起顾客反感，破坏一单生意，甚至可能引发争吵，导致销售的品牌形象严重受损。

三、医疗护理服务礼仪

医护行业是一类较为特殊的服务行业，医护人员要学习服务礼仪知识，培养良好的礼仪习

惯。在医疗服务的过程中，服务对象的心理和健康状况，很大程度上会受到医护人员的言谈举止、仪态仪表等因素的影响。因此医护礼仪知识的学习与运用有助于培养和提高医护人员的职业素养，树立良好的职业形象。

(一)医护礼仪的概念

随着医学科学的发展和医学护理模式的转变，护理工作已扩展到生物、心理、社会的各个方面，为满足患者心理与社会方面的需要，良好的医护人员形象就显得尤为重要。作为医疗护理和健康服务过程中形成的行为规范和准则，医护礼仪既能够体现医务工作者的职业素养，也是医护人员医德医风的内在要求。

作为一门新型服务业礼仪，医护礼仪的产生适应了现代社会的发展需求，融汇了礼仪常规、形体训练、临床案例等多方面的知识成果，它对提高医护人员的素质，促进诊疗效果，缓解医患关系具有重要意义。

护理礼仪

(二)医护礼仪的内容

医护行业作为特殊类型的服务行业，具有信息、地位显著不对称的特点，医护工作者具备良好的医护服务礼仪水平，必须要有高尚的医德医风、精湛的医疗技术和良好的个人素质。

1. 高尚的医德医风

医德医风是医护人员必须具备的医学道德风尚，高尚的医德医风是以正确的世界观、人生观、价值观为基础，确立的道德素养、行为准则和行为规范。具体包括以下 5 点。

(1)热爱工作、恪尽职守　医护人员，诊病治疗、救死扶伤的前提，是要热爱本职工作，恪尽职守，这是医德医风最基本的要求。

(2)尊重患者、一视同仁　医护人员应尊重患者的生命健康权，公平医疗权、人格尊严权等各项权利，对患者和家属一视同仁。不受职位高低、贫富美丑等其他因素的影响。

(3)文明礼貌、待人谦和　医护人员要讲究文明礼貌，用温和可亲的语言、乐观友善的神态给患者以温暖和鼓励，增强他们战胜疾病的信心和勇气。

(4)遵纪守法、廉洁奉公　医护人员都要提高道德修养，强化法制观念，在行医过程中，严格遵守国家法律法规和行业规章制度。要做到廉洁自律，接受患者和家属、管理机构以及社会各界的监督。

(5)互学互尊、团结协作　现代医学的诊疗过程，常常需要多学科相互配合，通力合作。各科室之间、医生护士之间要相互学习、彼此尊重、加强沟通、团结协作。

2. 精湛的医疗技术

医护人员精湛的医疗技术是保障人民健康、推进医学科学发展和社会进步的必然需要。医护人员要做到以下 3 个方面。

(1)严谨的科学态度　在进行医疗和护理工作过程中，医护人员必须秉持严谨的科学态度和求实的工作作风，具有扎实的医学专业知识和人文社科知识，不折不扣地执行标准操作规范，不能偷懒省事，麻痹大意。

(2)精湛的技术水平　医疗工作关乎人民生命健康，精湛的医术是保障患者得到正确诊疗的关键。医护人员要有开拓进取精神，努力钻研业务，不断提高技术水平。

(3)敏锐的观察力和判断力　在临床一线工作的医护人员，是离患者最近的人，特别是在实行整体护理模式后，对患者的观察从护患接触的那一刻就已经开始。医护人员通常能够比家属更早地发现患者的生理心理变化和潜在的疾病风险，这些往往是疾病早期诊断和制定最佳治疗方案的重要依据。因此，医务人员要经常巡视病房，提高观察力和判断力，及时了解患者的病情变化，评估治疗效果，做好应对措施。

3. 良好的个人素质

医护人员作为特殊服务行业的从业者，要具备良好的个人素质。这既体现在仪容仪表、行为风度、身体状况等外在形象上，更体现在职业态度、职业道德品质、科学文化知识、业务能力、心理状态等内在因素中。

(1)医生的良好素质　随着现代医疗水平的进步，对医生的个人素质提出了更高的要求。医生不仅要具备科学思维、专业素质和身心素质，更应强调以下 3 方面：高尚的道德品质、坚强乐观的心态和良好的沟通技巧。

(2)护理人员的良好素质　随着人们对健康认识的不断提高，人们除了关注疾病本身外，也更重视心理建设和对社会的适应性。作为护士，除了应具备较高的思想政治素质、身体心理素质、科学文化素质、专业技能素质外，还要具备以下 4 个方面：对护理职业价值的认同、规范的礼仪举止、乐观向上的风貌和高度的责任感。

(三)医护人员仪表言行的礼仪规范

因为行业的特殊性和角色的不对称性，医护人员的仪容仪表、言谈举止除了要满足普遍的礼仪规范外，还应特别注意符合行业自身的某些特殊要求。

1. 言谈

(1)语言规范、礼貌谦虚　①礼貌谦虚，主要表现在语气、语调、语态及用词方面不能有居高临下的优越感。②快慢适中，医务人员工作节奏普遍较快，但与患者或家属沟通时，讲话速度不要过快，尤其注意避免像连珠炮似的说话，容易导致语义传达有误。③神情专注，讲话时要目视对方，不要东张西望、左顾右盼，或随便摆弄衣角、指甲等，要表现出尊重。在临床工作中，要发自内心地尊重患者的人格和权利。④用词准确，所用词语能准确地表达意思，对于难以理解的专业名词要予以通俗解释，切忌词不达意。

(2)称呼得体、表达清晰　对患者、同事等的称呼要得体。医护人员可用职业、职务来互相称谓，如王护士、刘主任等。对患者可用先生、女士等称谓，恰当的称呼可体现出对患者的尊重，避免使用“7 床”“老病号”等不礼貌的名词代称。言语表达时要措辞准确、语句要清晰达意，少用晦涩难懂的医学术语，做到通俗易懂、言简意赅，使对方能很容易理解，尤其是在解释病情、交代预后等情形时，一定要表意明确，并确认对方理解清楚，防止纠纷的发生。

(3)富于情感、注意保密　语言是沟通医务人员与患者之间的桥梁，医护人员良好的精神风貌和极大的工作热情能够带给患者春风般的温暖。因此，医护进入工作环境后，应把诚心、热心、爱心、关心和同情心等真挚情感融化在语言中。如早晨查房时，医护人员面带笑容走进病房，一句“早上好！”“昨晚睡得怎么样?”等简单的寒暄，就能促进医患、护患之间必要的情感交流。对于患者的特殊病情、个人隐私等，要注意保密，不得泄露。

2. 举止

举止是一种身体动作的语言，能够真实地反映一个人的综合素质和教养水平。作为才华和修养的外在展示，得体的举止在医患沟通交流过程中起着重要的作用。医护人员规范优雅的举止，不仅在工作时形成外在美感，更是其内心高尚境界和高雅情趣的反映。医护人员的举止可以包括：站、坐、行、蹲、手势等多个方面(图 6-2-6)。

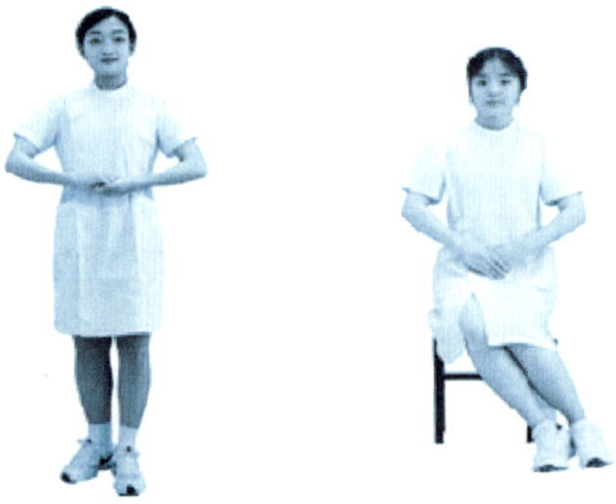

站姿　坐姿　行姿

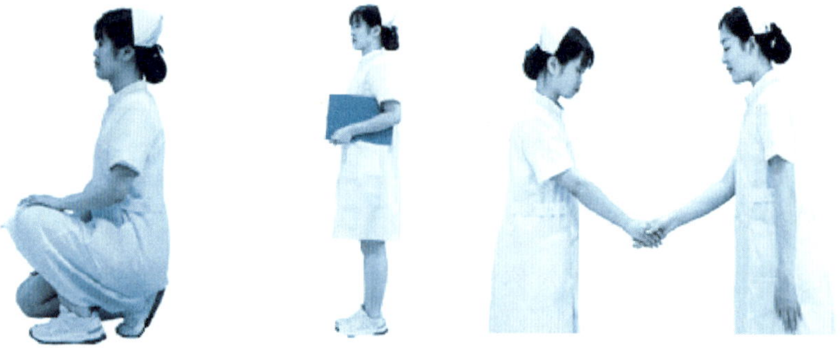

蹲姿　手势

图 6-2-6　医护人员的举止

举止是否文雅，是衡量一名医护工作者行为是否适度、作风是否稳重的重要因素，常常直接影响到患者对医生的信赖程度和对护理治疗的信心，影响着良好医患关系的形成。此外，由于“首次印象”在人际关系形成的重要性，当医患或护患初次接触时，更要注意保持文雅的举止、端庄的仪表风度，为日后的诊疗交流奠定良好的基础。总的来说，医护的姿态要大方得体，不要随便依偎在床边或桌边，行走要轻盈矫健，蹲姿要两腿紧贴，一脚在前一脚在后，持物、递物要自然优美、平稳安全，握手时，一定要伸出右手，四指并拢，拇指微张，轻握即可。不使用有浓郁香味的化妆品，不佩戴戒指、手链等装饰品。不随地吐痰，当众擦鼻涕，清理喉咙。面部常保持自然微笑，温文尔雅，谈吐礼貌，不可言谈粗鄙，更不能恶语伤人。语气、语调都要尽量和气，给患者以亲切、温暖之感。行为端庄，作风正派，不可嬉笑打闹，乱开玩笑，特别是在与异性患者接触时，要严格依照诊疗规范，遵守社会公序良俗，避免产生医疗纠纷。

三、形态

形态是体态与表情的综合表现，也是品德、情趣、教养等内在美在仪态方面的外在展现，良好的形态能够彰显医护人员的精神气质和内心世界。作为患者最先看见的外部特征，形态将重要信息传递给了患者，并影响着医护人员的整体职业形象的树立。在医疗活动中，医护人员饱满的精神、亲切的目光、和蔼可亲的表情可以使患者增加信任。可以说良好的职业形象又是医护人员信誉度和美誉度的标识。因此医护人员必须注意仪容仪表的修饰，既要符合一般礼仪的标准，又要遵从行业特征要求，给患者庄重感和信任感。

医护人员形态的基本原则是整洁性、简约性、端庄性、适度性和适体性。

(1)发型　男医生和男护士不应留长发，也不应剃光头。男护士、手术室、重症监护室等特殊科室护士在工作时要求佩戴筒帽。头发要全部遮入帽子里，帽沿前不遮眉，后不外露发际，也不要佩戴头饰。

女护士工作时要求佩戴护士燕尾帽，戴燕尾帽时不能长发披肩。如果是长发，要盘起或戴网罩。具体要求是头发前不过眉，侧不过耳，后不过领。即前面的刘海要用黑色发夹夹起或用发胶固定，后面的头发用橡皮圈扎起后盘起再用发网罩起，以防止头发散落；两鬓头发置于耳后，不可披于面颊。佩戴头饰时可选择蓝白色风格的头饰，以便与护士服和护士鞋搭配，不要佩戴过于夸张的头饰，前额头发不要高于燕尾帽，两鬓头发置于耳后或用小发夹固定，短发长度不能过衣领，否则应挽起或用发网罩起(图 6-2-7)。

图 6-2-7　女护士的发型

(2)着装　医生工作时要穿工作服，通常为白大衣，手术室、ICU 等特殊科室依照具体规定着装。医护人员穿工作服时要在左胸上方佩戴工作牌，标明姓名、职称、职务，要避免反面佩戴，并注意保持工作牌的整洁干净，损坏或模糊不清时应及时更换，便于患者的辨认、问询和监督。

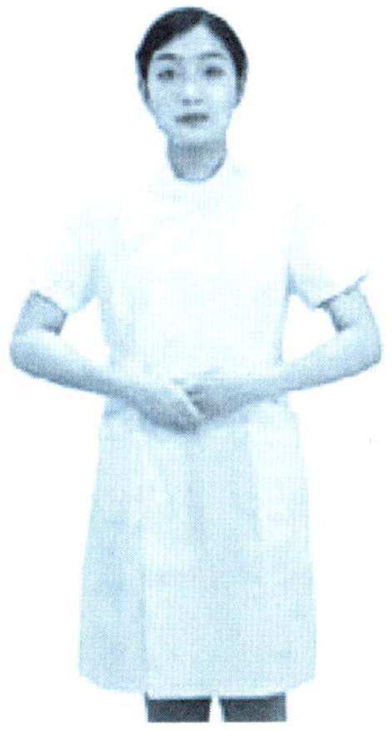

图 6-2-8　护士服

护士服一般为连衣裙式，给人以活泼、轻盈、纯洁的感觉。颜色以白色为主，也可根据科室的特点，选择不同的色彩和式样，如手术室、小儿科、传染科等可分别选用淡蓝色、粉红色、米黄色等。护士上班必须穿护士服，护士服应清洗干净，熨烫平整，长短适宜，大方合体，要把衣扣扣齐，长袖袖口至腕部，腰部宽松，腰带平整，内衣的领边、袖边和裙边均不露在外。身着干净整洁醒目的护士服，除表示对患者尊重外，还有利于患者及家属辨认，便于提供服务(图 6-2-8)。

护士帽是护士的职业象征。护士的帽子有两种：燕帽和筒帽。燕帽有方角和圆弧角两种样式。戴燕帽时，应保证帽子平整无折痕，高低适中，并能挺立。佩戴时要戴正戴稳，距发际 4～5 厘米，燕帽后沿可用发夹固定，燕帽与护士服的整体统一，衬托出护士高雅的气质。戴筒帽时，前达眉睫，后遮发际，头发应全部放入圆筒帽内，帽缝在后，边缘要整齐(图 6-2-9)。

图 6-2-9　护士帽

四、物业服务礼仪

1. 仪容仪表

上班期间应着公司统一的工作服装，若无工作服，应穿职业装。不准穿背心、短裤、超短裙、拖鞋等过于休闲的服饰。服装应干净平整，无污物破损。工作时必须佩戴工牌，工牌通常佩戴在衣服左上方，并要保持表面清洁，不可翻转或遮挡。男员工面部应保持干净清爽，不得蓄须；不留长发，头发长度以不遮盖耳朵和衣领为宜。女员工不得浓妆艳抹，可化淡妆；女员工头发应梳理整齐，不染夸张颜色，不做奇异发型。无论男女，应注意及时清洗头发，不显油腻或很多头屑。一般穿黑色皮鞋，鞋面及时清理上油，保持光泽。女员工手指不留长指甲，不涂指甲油。上班期间不吃葱、蒜、韭菜等有刺激气味的食品，保持口气自然清新。

2. 行为举止

站姿端正。注意头正、颈挺、肩平、腰直，双眼平视前方，脚跟并拢，两臂自然下垂。坐姿稳重。挺胸抬头立腰收腹，双肩放松，手可放在膝盖或大腿上，不可放在大腿或臀下，不可抖腿摇晃；女士双腿并拢，双脚平行正放，足尖向前。行姿矫健，昂首挺胸，面朝前方，双臂自然摆动，不要左摇右摆，步幅步频适度，不散漫闲逛，不与业主抢行。与业主握手时，力度适中，时间以3秒为宜。既不要握得太久太用力，也不应时间太短太敷衍。手上有水或者污物时不应握手并做好解释。握手时神态专注友好，目视对方，并表示问候。通常由女士、长辈、上司、业主等主动伸手，服务人员才可以握手。交换名片时，要面带微笑双手呈递，名片文字向上。交谈时，要表现出对业主的尊重，保持目光接触，耐心倾听，不可抱起手臂，手不要插入裤兜，可有适度手势，但宜少不宜多，不能用手指指点。不得在物业办公室或小区内大声喧哗、谈笑吵闹、随地吐痰。在业主面前禁止做出吸烟、吃东西、嚼口香糖、挖鼻孔、掏耳朵、伸懒腰、打哈欠等一些不雅行为。咳嗽或打喷嚏时要用纸巾遮住口鼻，转头至无人侧处理，并及时道歉。进入业主房间前，应弯曲食指或中指轻轻连敲3下；即使门虚掩或敞开时，也应先敲门，经业主同意后方可进入；若进门时门是关闭状态，出门时也应随手将门轻轻关住；若敲门后无人回应，则可再叩一次，并轻问“请问有人吗？”若仍无回应，则改时再来，切忌擅自闯入。

3. 礼貌用语

在服务过程中，注意对业主的称谓要礼貌得当：成年男性业主可统称为“先生”；女性业主可统称为“女士”；老年人可称呼为“大爷”“大娘”。严禁使用“喂”“嘿”等不礼貌用语招呼业主。打招呼时应自然微笑，主动问好：“早上好！”“先生，您好！”“下午好，女士！”重大节日期间，与业主见面时问好并恭祝节日快乐。当业主呼叫时，应立刻答应“好的，马上来”，并迅速予以解决；如因手头事务不能即时处理，应致歉意“不好意思，我处理完一会儿就来”。在物业管理服务过程中，无论是何原因，只要不能满足业主的需要时，应先严肃认真地道歉，征得业主原谅后，再根据具体情况做好解释，不要急于为自己辩护开脱，也不应漫不经心地赔笑道歉。

4. 上门服务礼仪

上门进行维修服务前，应与业主约定好具体时间；若业主因故失约，可重新约定时间，不应对其责怪。登门拜访时，应先轻按门铃或叩门，待业主允许后再进入。若无人应答，可等候5分钟再敲门。严禁用脚或其他工具敲门。开门后，应主动向业主表明身份和来由。进门后换上专用的鞋套，征求业主同意后，将干净的帆布铺在指定的位置，用来存放工具和需要更换的零件等物品，不能直接放在地板上。严禁借用、索要业主的任何物品或工具。在维修过程中，拿取物品要轻缓，尽量避免发出噪声。当完成业主所需服务后，应主动询问是否还有其他事需要帮忙。维修完毕后，将业主的设备擦拭干净，整理好维修工具，清除地面上的杂物、碎屑等。为业主讲解故障出现的原因，介绍设备使用时的注意事项和相关维修保养知识。按标准收取费用后，请业主对维修服务进行评价。工作结束后应对业主的配合表示感谢，并在离开时再次致意。

学习实践

情景（一）

小王是某品牌连锁服装店销售人员，某日进店三批顾客，购买情景及对话分别如下：

A顾客独自进店，小王热情上前迎接，可顾客冷冷地说："不用管我，我只是随便看看。"

B顾客对挑选的一件衣物很满意，但陪同者C说："我觉得一般，咱们去别的地方看看。"

D顾客进店后试穿了几件衣服后，什么也没说，转身准备出门。

实践要求：1. 学生分小组进行讨论，每组选出一名代表，分别回答：如果你是小王，该如何处理这3种情景？试着进行现场演练。

2. 各小组讨论哪一方案为最优解决方案，并归纳总结。

情景（二）

小李是某新建小区物业经理，刚任职半年时间，一天，他正在工作的时候，一名业主气势汹汹地跑了过来，说道："我是×楼×号业主，我家隔壁中午还在装修，吵得我没法休息，你们怎么也不管管，我的物业费白交了！"

实践要求：1. 学生分小组进行讨论，如果你是小李，该如何安抚投诉业主的情绪，妥善处理此事？

2. 在与装修业主的交涉过程应注意哪些物业服务礼仪？进行现场演练。

3. 各小组讨论，并归纳总结。

情景（三）

小A是某四星级酒店餐饮部服务员，一桌顾客挑选菜肴时，点了一盘红焖大虾。上菜后有一名顾客提出："你们的虾颜色不一，到底是活虾还是死虾？"另外一名顾客也搭话："虾的颜色深浅不均匀，整体偏暗，是不是把死虾、活虾混在一起了，或者是掺入了吃剩的，这样的虾我不吃。给我们换一盘新鲜的，不然我们不结账。"

实践要求：1. 学生分小组进行讨论，如果你是小A，该如何处理？

2. 选取一个小组进行角色扮演，课堂演练化解矛盾。

3. 其他小组观摩并讨论该组完成情况。

思考练习

1.简答题

(1)餐饮业服务、销售服务和物业服务时分别应注意哪些礼仪?

(2)除普遍的服务礼仪外,医护服务过程中还需额外注意哪些礼仪?

2.自由讨论

在新冠疫情常态化防控的大背景下,医护人员普遍超负荷工作,是否还需要注意服务礼仪?为什么?

任务三　情景模拟实践

一、实训目标

1.熟练掌握餐饮业、销售业、医护行业和物业服务业等不同职业的礼仪要求。

2.能够根据不同职业、不同岗位进行职业形象设计。

3.能够熟练运用职业礼仪规范和岗位礼仪细节为客户提供优质服务,并灵活应对客户投诉。

二、场景设计

小王是某三甲医院重症监护室的一名护士。一天早上,小王结束了紧张的夜班,准备回家。

场景一:正在小王与同事交接工作时,一名患者的家属忧心忡忡地跑了过来,询问患者病情,并想要陪床亲自照顾。小王耐心地解释了患者当前情况,表示医院有规定,重症监护室不允许陪床,但护士会尽力照护好患者,请家属放心。

场景二:下夜班后,小王来到一家餐厅就餐,服务员招待了她。

场景三:小王吃完饭,来到一家连锁服装店,销售员热情地为她推荐,小王购买了两件衣物后驾车回家。

场景四:到小区地下停车场后,小王发现自己的车位被不认识的车辆占用,且没有留下联系方式。小王来到小区物业中心,物业服务人员帮助她联系到车主将车挪走,解决了停车问题。

(教师可以根据教学和专业情况增减场景。)

三、实训步骤

1. 组建模拟演练小组：由教师将教学班按照每组 7～8 人的标准划分为若干模拟演练小组，每个小组指定一名组长。

2. 确定演练主题：教师根据专业要求确定演练主题，选择场景进行模拟，由组长抽签决定模拟顺序。

3. 设计模拟演练：各小组根据模拟主题设计情节内容，并形成文字，作为剧本。

教师说明要求：故事情节合理，体现不同职业礼仪要求，每位同学都要担任一定角色，表演时间 5～10 分钟。

4. 模拟演练

第一，小组成员布置场景。

第二，由组长说明模拟主题和模拟环节。

第三，各位组员自我介绍及说明担任的角色。

第四，进入情景模拟。

第五，组长宣布结束，小组成员答谢。

其他各组认真观看，记录。

5. 拍摄记录：由其他组负责拍摄记录，留存资料，便于教师点评。

6. 教师点评，根据评价表（表 6-3-1）给出小组成绩。

7. 每人同学撰写一份情景模拟演练的实训报告（表 6-3-2）。

四、效果评价

表 6-3-1　情景模拟评价表

序号	评价要点	分值	评价说明	得分
1	情节设计	10	情节合理，紧凑	
2	仪容	10	符合职业要求，女生化淡妆，男生仪表整洁卫生	
3	仪表	10	着装得体，职业装穿着规范	
4	仪态	10	坐立行走规范、动作熟练	
5	表情	10	表情自然，微笑和眼神的运用得当	
6	语言表达	10	清晰流畅，交流自然，用语文明、准确、恰当	
7	专业表现	10	体现一定的礼仪规范	
8	表演熟练程度	10	表演衔接顺畅	
9	团队合作	10	角色分配合理，配合默契	
10	整体评价	10	情景模拟整体效果	
总分				

表 6-3-2　情景模拟演练实训报告

班级		学号		姓名		成绩	
模拟演练主题							
实训目的							
实训背景							
实训要求							
实训心得							
实训评价	（指导教师填写） 教师签名：						

项目评价反馈

一、小组评价

序号	评价项目	评价情况
1	与其他同学口头交流学习内容是否流畅	☆☆☆☆☆
2	是否尊重他人	☆☆☆☆☆
3	学习态度是否积极主动	☆☆☆☆☆
4	是否服从教师的教学安排	☆☆☆☆☆
5	着装是否符合标准	☆☆☆☆☆
6	是否能保持学习环境的干净整洁	☆☆☆☆☆
7	是否遵守学习场所的规章制度	☆☆☆☆☆
8	是否有工作岗位的责任心	☆☆☆☆☆
9	是否达到全勤	☆☆☆☆☆
10	团队学习中主动与合作的情况如何	☆☆☆☆☆
11	能否主动参与教学场所的清洁和整理工作?	☆☆☆☆☆

参与评价的同学签名＿＿＿＿＿＿＿＿＿＿＿＿

二、教师评价

1.对实践操作的点评＿＿＿＿＿＿＿＿＿＿＿＿

2.对学习过程的总体评价＿＿＿＿＿＿＿＿＿＿＿＿

教师签名＿＿＿＿＿＿＿＿＿＿＿＿

三、学生评价

1. 对教师授课效果的评价______________________________

____

____

2. 对学习效果的评价______________________________

____

____

学生签名______________

项目七

其他职业礼仪认知与实践

学习目标

1. 了解和掌握教师、交通、银行和旅游服务等行业的职业礼仪规范及要求。
2. 提高综合职业素质。
3. 培养爱国敬业、甘于奉献的职业精神，增强学生的职业责任感。
4. 树立正确的职业价值观。

任务描述

本项目分为教师礼仪、交通服务礼仪、银行服务礼仪、旅游服务礼仪和情景模拟实践5个任务。通过本项目的学习和职业礼仪的模拟演练，了解不同职业和岗位的礼仪规范及要求，提高实操能力，通过查阅资料、观察分析、调查研究、勤于总结和沟通协作等形式提高综合职业素质。

内容结构

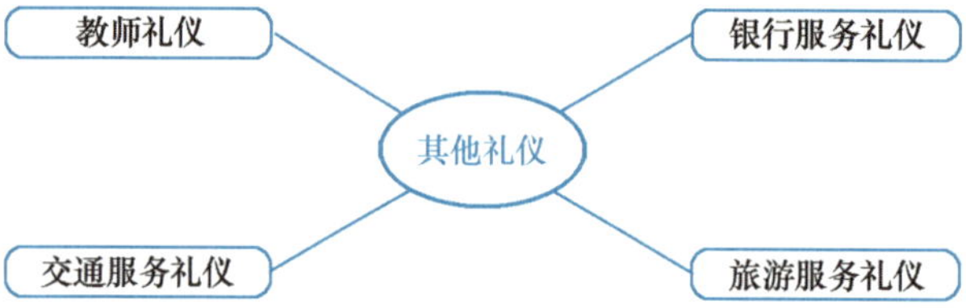

成语话礼

张良拾履

张良拾履成语出自《史记·留侯世家》："良尝闲从容步游下邳圯上，有一老父，衣褐，至良所，直堕其履圯下，顾谓良曰：'孺子，下取履！'良鄂然，欲殴之。为其老，强忍，下取履。父曰：'履我！'良业为取履，因长跪履之。"故事意在说明对待长者要有谦恭的态度，要尊敬他人，多向长者学习，听从他们的教导。

任务一　教师礼仪认知与实践

学习准备

1. 查阅教师礼仪的相关知识与信息。
2. 学习年度“最美教师”先进事迹，体会教师之美。
3. 观察和分析某一位任课教师的教师礼仪。

理论认知

教师，被誉为人类灵魂的工程师，承担着人类科学文化的传承，担负着提高民族素质的使命。著名教育家叶圣陶曾说过：“教育工作者的全部工作就是为人师表。”一名合格的人民教师不仅要掌握丰富的文化知识，还必须具备较高的礼仪修养，以身作则，用自己的言行引导学生养成良好的行为规范。

一、概念

教师礼仪是指教育工作者在从事教育教学活动，履行职务时所必须遵守的礼仪规范。它是教师在工作岗位上待人接物、为人处世的行为规范，也是教师的师德修养、文化素质、风度气质、行为操守的外在表现。

二、教师礼仪的内容

(一)教师形象礼仪

教师形象是教师在教育教学过程中体现出来的独特风貌，是内在修养和外在表现的综合体。它来源于发自内心的对教育事业的热爱，对学生的尊重，教师可以通过加强师德修养，丰富专业知识，提高教育教学技能等方面不断丰富这种源动力，而教师形象的外在表现则需要通过教师礼仪的培养来实现。教师形象礼仪主要包括教师仪容、仪表和仪态礼仪。

图 7-1-1　教师仪容应庄重、雅致

1. 教师仪容礼仪

教师仪容，主要指教师容貌。修饰得当的容貌可以增强教师的自信心，也体现出对学生以及教学工作的尊重(图 7-1-1)。

第一，保持干净整洁。教师要注重个人卫生，经常洗澡，洗脸，洗头，保证身上无异味；注意牙齿的清洁，保持口气清新无异味；男教师要及时修剪胡须；保持手部清洁，及时修剪指甲。

第二，得体的发型发式。教师应保持头发干净整洁，发型发式简单大方。男教师要求前不遮眉，后不触领，侧不盖耳，不剃光头，不染异色。女教师要根据自己的脸形、身高、年龄、气质、发质选择发型，不染彩发。

第三，适度的面部修饰。面部修饰，即化妆。教师化妆要以清新自然的淡妆为主，既可以扬长避短，增强自信又可以赢得学生的喜欢和尊重。

2. 教师仪表礼仪

教师仪表，主要指教师的服饰。教师在教育教学过程中的服饰应符合以下要求：

第一，衣着要整洁。整齐干净的衣着是教师服饰礼仪的最基本要求，衣服要定期清洗、熨烫，不要有污损、褶皱和异味。

第二，服装选择要得体。教师服装的选择上要注意庄重、雅致，显示教师的知性美。根据自身高矮、胖瘦、身材比例、肤色深浅、年龄选择不同材质、颜色和款式的服装，同时服装可随课程性质、内容的不同而有所不同，如文化课体现端庄，体育课显示活力，艺术课突出优雅，专业课强调干练。教师着装时还应考虑到教育对象的年龄、知识、能力、性格等因素，并体现一定的时代性和时尚性，以拉近与学生的距离。

图 7-1-2　教师的服装要整洁得体

第三，教师的着装要守礼。教师服装要合体，不要过大或过小，女教师上衣最短齐腰，西服裙子最短及小腿中部；夏天着裙装要不透不露，要有衬裙，要穿丝袜；不穿超短裙、吊带背心、短裤；要注重服装搭配，套装不与运动休闲装、牛仔裤、健美裤混搭。男教师穿着西装要配套，搭配皮鞋，按礼仪系好纽扣，口袋内少装物品；夏天天气再热，也不能穿短裤、背心。

第四，饰品佩戴要恰当。教师在选择佩戴饰品时要少而精，并与服装、场合、体形、发型、脸形、肤色及年龄相协调，起到烘托仪表，画龙点睛的作用即可（图 7-1-2）。

3. 教师仪态礼仪

教师仪态礼仪，即教态，教师在教育教学过程中所展现的姿势和体态，主要表现为教师的行为举止，如坐、立、行、走、目光、笑容以及手势的运用。

第一，教师的体态。教师教学时一般站在讲台中央，站姿要直立、挺胸、收腹、梗颈；授课需要走动时做到抬头、挺胸、收腹，步幅适度、频率适中、步态轻盈；如需要坐着讲课时，入座动作要轻、稳，头要端正、上身直立，手应放在双腿、讲桌或椅子扶手上，双腿自然并拢或微微分开，但要注意切忌抖腿、趴在讲台上、跷起并晃动二郎腿等。

小贴士

教师服饰八忌：忌脏、忌破、忌乱、忌露、忌透、忌紧、忌异、忌杂。

第二，教师的表情。教师与学生交流时，目光要和蔼亲切，平易近人，并环顾到教室里每一位同学，不可长时间凝视某一位同学以免引起尴尬；同时，教师要善于用微笑来传达对学生的关注、关爱、激励和宽容之情。

第三，教师的手势。教师在授课时为强调内容或吸引注意力，会经常使用手势。使用手势要自然、准确，动作大小要适度，提问学生时以手掌示意。不要敲击讲台、黑板，或做其他过分动作。

(二)教师语言礼仪

语言是教师传递知识，答疑解惑，启迪心灵的重要工具。教师应具备良好的语言技巧，掌握运用语言的礼仪(图 7-1-3)。

1. 教师语言要求

第一，发音正确，音量适中。教师必须使用普通话，保证准确的发音；音量要根据教室大小，学生多少而定，声音过大容易声带疲劳，声音过小影响教学效果。

第二，语调优美，语速适当。教师要把握语言节奏，讲课时注意抑扬顿挫，轻重缓急；语速快慢适当，通常以每分钟 250 个音节左右为宜，过快，学生没有思考反应的时间，过慢，课堂节奏拖沓。

图 7-1-3　教师与学生沟通交流

第三，表达准确，用语文明。教师上课语言要精练，表达准确，提高课堂效率；在教学中语言要文明，根据教学需要使用文明用语，多说鼓励学生、信任学生的话语。如："你一定行""老师相信你会做得很好"等。

第四，语言简洁，条理清楚。教师上课时要用简洁的语言传达丰富的信息，避免冗长。讲解条理清晰，突出重点、难点。

2. 教师交谈礼仪

为了解学生思想动态，教师有时需要与学生进行谈话沟通，谦和有礼的教师更容易拉近与学生的距离。首先，确定谈话的目的、内容、思路、地点，事先通知学生，让学生有所准备。其次，要提前到达交谈地点，迎候学生，当学生到来时要热情接待，创造平等和谐的谈话氛围。谈话时要注意自己的言行举止，语气平和，行为有度，举止端庄，要有耐心，即使批评学生也应严而有度，正向引导。再次，善于倾听，只有倾听才能了解学生的真正需求，学生讲话时要聚精会神，并做出积极反馈，如"嗯"表示我在听呢，"对""是"表示认同。同时要注意学生的体态、表情，从而对学生的语言进行分析判断。结束谈话时要表示谈话很愉快，以后多交流等。

(三)教师教学礼仪

1. 课堂教学礼仪

(1)课堂问候礼仪　教师要提前 5 分钟左右到达教室门口候课，上课铃响教师走上讲台，学生要全体起立，教师应环顾全体学生，然后向学生微笑点头致意。

(2)课堂讲授礼仪　教师讲授时要做到教学目的明确,教学内容正确且具有严密的科学性,教学方法恰当并运用灵活,合理组织教学过程,教学语言清晰流畅,生动形象,讲究语言的艺术性,准确表达授课内容,唤起学生的求知欲;注重师生互动,课堂气氛活跃,保证教学任务顺利完成。

(3)课堂结束礼仪　教师要及时根据课堂教学的内容布置课后作业,作业适中,难易适度,具有典型性、代表性。下课铃响后,教师应结束讲课,待全体学生起立站好后,师生互道"再见"。

2. 课后礼仪

课后礼仪包括批改作业和课后辅导礼仪。教师及时批改作业,认真评分,尽快发还。课后辅导是授课的补充和延续。教师要主动热情,一视同仁,在答疑时,要注意启发和点拨,引导学生自主分析、讨论找出答案。

学习实践

情景(一)

李娜是某师范大学汉语言文学专业的应届毕业生,恰好某中学正在招聘语文教师,李娜向学校递交了个人简历并通过了面试,学校通知本月进行10分钟试讲以决定是否录用。

实践要求:1. 学生分小组进行头脑风暴,讨论李娜试讲时应注意的教师礼仪有哪些?
2. 小组推荐一人扮演李娜,课堂试讲。
3. 其他小组观摩并讨论该同学试讲的完成情况。

情景(二)

假设你是某小学的一名班主任老师,班上两名男孩子在体育课上因为争抢足球发生肢体冲突,班长将两名学生带到了办公室。

实践要求:1. 思考班主任处理该事件应注意哪些礼仪?
2. 小组讨论,为班主任出谋划策,该事件应如何处理?
3. 小组成员模拟该事件处理情形。

思考练习

1. 名词解释

教师礼仪

2. 简答题

(1)教师形象礼仪的内容有哪些?

(2)教师语言的要求有哪些?

(3)教师应注意哪些课堂礼仪?

3. 技能实践

化一次符合教师礼仪的淡妆。

任务二 交通服务礼仪认知与实践

学习准备

1. 查找有关交通服务礼仪的信息。
2. 乘坐当地交通工具了解其礼仪运用情况。
3. 观看电影《中国机长》了解航空礼仪。

理论认知

交通运输是服务业的重要组成，提供优质服务一直是交通运营企业提高乘客满意度、增强企业竞争力的有效途径。交通服务礼仪是交通优质服务的重要组成部分。

一、概念

交通服务礼仪是指交通服务人员在工作岗位上，通过言谈、举止、行为等，对乘客表示尊重和友好的行为规范和惯例。简单地说，就是交通服务人员在工作场合适用的礼仪规范和工作艺术，是礼仪在交通服务业的具体运用。

二、交通服务礼仪的体现

交通服务礼仪主要体现在形象礼仪、沟通礼仪和岗位礼仪等方面。

(一)交通服务人员形象礼仪

交通服务人员个人形象是企业的形象窗口，体现社会、民族的精神风貌和文明程度。交通服务人员应使自己的形象符合职业化要求，做到优雅、端庄、大方、亲切，彬彬有礼，保持良好的公众形象(图 7-2-1)。

图 7-2-1 交通服务人员形象礼仪

1. 仪容美

交通服务人员在修饰容貌时要讲求自然、美观、协调，达到自然美、修饰美、内在美的统一。

发型应符合职业特点，体现整洁干练。头发要干净整洁，以黑色为主，女性发型主要有短发和盘发，短发要梳理整齐，盘发要一丝不乱。男性服务人员发型要前不遮眉，侧不遮耳，后不触领，不留鬓角，不剃光头。

妆容，女性以淡妆为主，简约淡雅，清新自然，忌浓妆艳抹。要经常检查妆容，及时补妆，但不可当众补妆。男性不可化妆，面部要干净整洁。

保持口腔卫生，牙齿洁白，口腔无异物，无异味；勤于洗手，定期修剪指甲，可涂抹指甲油修饰指甲，但避免艳丽颜色。

2. 仪表美

交通服务人员在工作期间必须统一穿着制服。女性穿着制服时应注意的礼仪有：

(1)套装　上衣的衣扣必须全部系上，不得解开，上衣的领子要完全翻好。裙子要端正整齐、裙子下摆不得低于膝上10厘米。

(2)衬衣　衬衣下摆系在裙服腰内，衬衣要合身。

(3)围裙　保持干净整洁，无褶皱，供餐饮时穿戴。

(4)帽子　戴在眉毛上方1～2指位置。

(5)丝巾　使用统一规定的式样和系法。

(6)风衣(大衣)　必须纽扣扣齐，腰带系好。

(7)鞋袜　应穿公司发放的统一皮鞋，长筒袜。

男性制服通常以西装、衬衣、领带为主，穿着要符合礼仪，另外，肩章、帽徽要佩戴端正。

服务人员要佩戴证件，即服务牌，女性服务人员穿制服外衣时、服务牌佩戴在胸前左侧上方。穿马甲时，佩戴在胸前左侧口袋上沿中间处，穿围裙时，佩戴在胸前左侧裙带与裙身交接的地方。男性服务人员将服务牌佩戴在胸前左侧上方口袋上沿中间处。

3. 仪态美

交通服务人员的行为举止及服务操作姿态都有着严格的规定，站姿、走姿、坐姿、蹲姿、鞠躬、握手、微笑等都要经过专项训练，内容详见有关礼仪章节。经过训练要达到女性服务人员大方优雅，男性服务人员挺拔潇洒。

服务人员表情应自然大方有亲和力，面带笑容，正视乘客，适度表达真诚友善。与乘客交谈时应注视对方双眉正中位置，注视时间不宜过长，忌斜视、久视、左顾右盼。

(二) 交通服务人员沟通礼仪

服务人员提供服务的过程就是与乘客进行沟通的过程，在沟通中要秉持以客为尊的服务理念，体现在以下几方面。

1. 语言礼仪

第一，服务用语的使用要文明规范。服务中要多用敬语、问候语、征询语和致歉语等，以表示对乘客的尊重。常用服务用语有如下一些。

“十字”文明用语：“您好”“请”“对不起”“谢谢”“再见”。

欢迎语：“欢迎您乘坐地铁”“欢迎登机”。

敬语：“请”“您”“劳驾”“贵方”“贵公司”等。

告别语：“再见”“欢迎您下次乘坐”。

问候语：“先生/女士，您好”“早上好”等。

征询语：“先生，您看这样可以吗”“先生，请问我你帮助您做点什么”。

致歉语：“对不起”“很抱歉”“请见谅”。

应答语：“不必客气”“没关系”“很高兴为您服务”“这是我们应该做的”等。

第二，语言要简洁精练。沟通时话题要明确，言简意赅，能够让乘客明白你所表达的意思和意图。

2. 交谈礼仪

第一，态度要诚恳亲切。与乘客交谈时表情要自然大方，面到微笑，语气亲切，表现出对乘客的重视。

第二，口齿清楚，音量适中，语速适当。吐字清楚，嗓音悦耳给人以亲切感；音量以清晰送达乘客耳边为准；语调平和，语速适中便于乘客清楚用意。

第三，善于倾听，谨慎插话。倾听是服务人员必须具备的一种修养，善于倾听要求不仅用耳朵去听，还要用心理解乘客的每一句话，判断乘客的需求。在交谈中不应打断乘客说话，让乘客把话说完再发表自己的看法。

(三) 交通服务人员岗位礼仪

1. 公路交通服务礼仪

公路交通工具主要包括公交车、出租车、网约车等营运车辆。服务人员通常为 1～2 人的司乘人员。应注意的行车礼仪有：

第一，保持车辆整洁。司乘人员在发车前要保证车辆内外的卫生和整洁，应在起始站和终点站检查车内是否有垃圾、废弃物品等杂物，仔细检查清理座位、扶手、站道污痕，对车厢进行定期消毒，为乘客提供更好的乘车环境。

第二，注意行驶安全。交通服务的重点是准时安全地到达目的地，驾驶员行车时要遵守交通规则，注意行人车辆的礼让，不开超速车、“赌气车”。

第三，热情服务乘客。乘客上车时要主动微笑打招呼，提醒乘客系好安全带。到站前和到站时，使用普通话准确清晰地通知乘客到达站名，长途交通还应通知到站时间。遇有老、幼、病、残、孕等特殊乘客时，在征得同意的情况下，主动热情帮助，在车辆转弯或发生颠簸时及时对乘客进行安全提醒。出租车驾驶员要按照计价器显示金额收费，并主动出示票据，乘客下车时提醒其带好随身物品。

2. 轨道交通服务礼仪

轨道交通是运营车辆需要在特定轨道上行驶的交通工具或运输系统。轨道交通服务贯穿乘客的入站、购票、候车、下车到出站全过程，服务人员和环节较多，乘客往往会结合整体服务体验给出最终的评价，因而要求轨道交通服务礼仪更加规范。

(1)乘客服务中心的服务礼仪　乘客服务中心担负着整个车站的票务工作，是车站最繁忙的场所之一。票务人员业务要熟练，态度要热情，服务要细心周到，做到：

一迎：面带微笑迎接乘客：“您好。请问您去哪儿？需要几张票？”“共×元。”

二收：面带微笑向乘客说：“收您×元。”接过票款后，进行验钞。

三唱：重复乘客要求的购票张数，重复票款金额：“到×车站单程票×张，共×元。”

四操作：在半自动售票机上选择相应的功能键，处理车票。

五找零：清楚地说出找出金额和车票张数，将车票和找出的零钱一起礼貌地交给乘客，提醒乘客当面点清票款。

六告别：“请您慢走。”

如需办理地铁站一卡通发卡和充值业务，可参照执行。

如遇到乘客不会使用自助售票设备，服务人员要主动上前，热心帮助，耐心指导乘客操作取票。

(2)安检服务礼仪　安检与乘客安全息息相关，必须规范执行。安检人员在检查之前，应提示："您好，请接受安检，谢谢您的合作。"检查时，主动帮助乘客把包放到检测仪上或抬到桌子上；检查后向乘客表示感谢，并帮助其将行李从检测仪上拿下来。

(3)站台服务礼仪　站台服务人员要善于将安全理念和服务礼仪相结合，保证乘客有序安全上车。

列车到站前要维持站台秩序，按车厢的距离安排乘客排队，指导乘客站在黄色安全线以内，列车进站时要面对列车驶入方向保持规范站姿。

当有乘客提出问询要求时，站务人员要耐心详细地解答，用标准的引导手势指示方向，解答时使用敬语；如果乘客提出的问题，站务人员无法给出确切的答案时需要向乘客解释，并应该向乘客致歉："对不起！先生(女士)，您说的这个地方我不太清楚，不过您可以到车站问询处，工作人员帮您查一下地图，好吗？"当有老人或残疾人等特殊乘客候车时，服务人员应协助其上下车。

(4)乘务服务礼仪

迎客礼仪：乘务员在车厢门外，面向旅客放行方向以立正站姿迎客，两手在体前交叉，交叉时四指并拢，右手拇指放在左手掌内，右手压左手。乘客上车时要热情问候和指示，相应服务用语有："您好""欢迎乘车，请出示车票"，经查验车票后，引导乘客上车(图 7-2-2)。

图 7-2-2　轨道交通迎客礼仪

车厢礼仪：列车行进途中乘务员及时整理行李架上的物品摆放，并向乘客提供所需服务，做好车厢内的清洁工作，及时向旅客通告站名、到达及开车的时间，照顾旅客下车，礼貌地向旅客道别。服务过程中主要使用礼貌服务用语，如"旅客们，为了大家旅途安全和车厢的美观，下面我将进行行李架和衣帽钩整理，请大家予以配合，谢谢！""旅客们，为了给您创造一个舒适、整洁的旅行环境，我们将进行卫生清扫工作。谢谢！"

3. 航空服务礼仪

航空服务礼仪不仅是对航空服务人员的行为规范，代表企业形象，更是一个国家文明程度的体现，是世界了解中国的重要窗口。

(1)地勤服务礼仪　主要指机场地面服务，是航空服务的开端，涉及的服务礼仪有以下

想一想：

如果一卡通无法刷卡进出站，服务人员应如何应对？

3 点。

第一，值机礼仪。值机是为乘客办理乘机手续、接收托运行李等工作。应注意的礼仪有：

首先，当乘客距离柜台 5 米时起身站立，面带微笑，待乘客走近时右手掌心向上 45 度，引导乘客，“您好，先生，请问您去哪里？请出示您的证件。”

然后，双手接过证件，询问乘客座位要求，“您好！您选择靠过道的座位还是靠窗的座位？”或者“抱歉！让您久等了！靠前的座位已经没有了，我帮您安排靠中间的座位好吗？”

其次，主动询问行李托运情况，并说明禁忌，告知乘客随身携带行李标准，预留乘客电话，便于寻找乘客。“您好！请问您有托运的行李吗？您有几件？请把行李放到传送带上，谢谢！”

最后确认登机信息，相应区域画圈提示。核实托运行李件数、目的地、航班号，双手递送客票、证件，将其正面转向旅客方便阅读的方向，与乘客确认登机时间、登机口、座位号、关闭舱门时间，将证件、客票、未使用乘机联、行李票及登机牌双手唱交乘客，待乘客无疑后，指引登机路线。

第二，安检礼仪。安检人员态度和蔼，检查动作规范，爱护行李物品，轻拿轻放；耐心解释乘客提出的问题；检查完协助乘客整理物品；语言规范，使用礼貌用语有：“请各位乘客排好队，准备好身份证件、机票和登机牌、准备接受安全检查。”

第三，问询服务礼仪。当乘客走来时要站立，微笑问候：“您好，请问有什么可以帮助您吗？”回答乘客，指引要准确，当不了解乘客问询的内容时，核实后再回答，如“对不起，我帮您查一下再回答您，好吗？”

(2)空勤服务礼仪

第一，候机礼仪。乘务组 6 人一列排队进入候机楼，在保持标准走姿的基础上，左肩挎包、左手扶握住包带下端，右手拉箱。要列纵队前行、队形整齐、精神饱满、面带微笑、步伐适中。乘坐步行梯时以一路纵队靠右站立。个人飞行箱放在身体右侧，留出左侧通道、方便需要快速通过的旅客。需要待机时，集中以标准坐姿就坐(图 7-2-3)。

图 7-2-3 空乘人员乘坐步行梯礼仪

第二，客舱迎送礼仪。乘务人员需提前整理和检查仪容仪表，后站立于各自的工作区域指定位置迎客。通常乘务长站立于 L 门处迎客，其他乘务员在舱内指定位置，面对乘客呈 45 度角，面带微笑，目光柔和，恭迎乘客登机。礼貌用语有登机时，“你好，先生/女士，欢迎乘机，请往里走！”；飞机落地时，“请慢走！”“祝您旅途愉快，期待您的下次光临，谢谢！”

协助乘客安置和提取行李时，身体要面向行李架，手臂上举时注意衣服的下摆，避免露出腹部，动作要轻，以免惊吓到乘客或影响他人休息。

提醒乘客系好安全带。“你好，先生/女士，飞机马上就要起飞了，请系好安全带。”“谢谢您的配合，祝您旅途愉快！”

第三，客舱服务礼仪。

巡舱礼仪：巡舱时，要在正确走姿的基础上，目光关注在左右两侧 1～5 排为宜，以正视的目光与乘客交流，同时用微笑和点头向乘客表示礼貌问候。步幅在 30 厘米左右为宜，与他人在客舱通道内交汇时，先向对方点头示意，然后以背靠背的方式通过。夜航时要注意脚步轻柔，观察乘客是否有需求，帮睡觉的乘客关掉阅读灯和通风口，披上毛毯，递上枕头，及时清除垃圾等。遇有乘客提出需求，应停下脚步，目视乘客，耐心倾听，认真回答，及时解决。如果乘客之间发生矛盾，要想办法合理解决，消除矛盾。

餐食服务礼仪：提供餐食时要细心周到，动作规范轻柔。服务基本流程如下。

餐食准备：认真清点餐食数量及种类，在餐车内摆好餐食，为乘客冲泡好茶水、咖啡，出车前擦拭好服务用具。

餐食询问："您好，先生/女士，我们今天为您准备的餐食(饮品)有×××和×××，请问您需要哪一种?"送餐食的原则是从前到后，先里后外，先左后右，先 ABC 后 DEF，先女宾后男宾。

餐食递送：发餐时从餐车的下部往上抽取餐盘，双手取出，沿小桌板的高度送出，以免弄脏乘客衣服。"先生/女士，您的×××，小心烫，请慢用。"拿放餐食时要轻、稳、准。

餐食收取：在收餐过程中应小心收取水杯和餐盒，避免洒出，并将餐盒自上而下摆放好。

乘务员要善于观察乘客，及时发现和满足乘客需求。当发现乘客需要休息，要主动为其提供毛毯、靠枕；乘客有阅读需求时，为其打开阅读灯；当发现小桌板上有污渍应及时清洁。如果暂时无法满足，要委婉说明原因，以其他方式解决。如乘客需要毯子但恰好没有多余，可以为乘客关闭出风口，提供热水或其他保暖方式。在航空服务过程中，乘务员都要保持谦虚温和的态度，语言文明，表情亲切(图 7-2-4)。

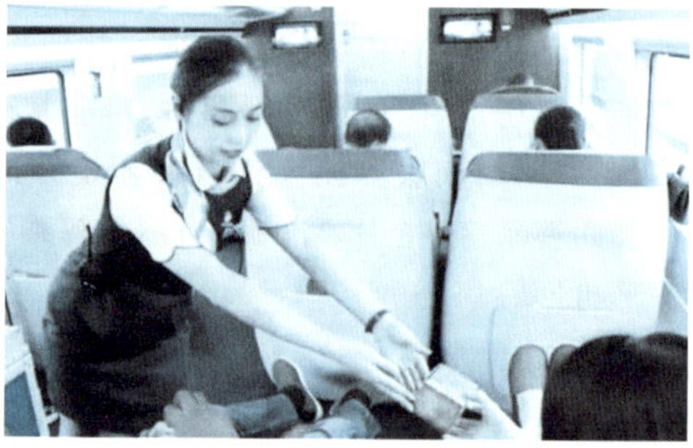

图 7-2-4 空乘人员送餐礼仪

(四) 处理乘客投诉礼仪

交通运输企业作为一个服务性行业，不可避免地会受到抱怨和投诉。在处理乘客投诉事件时注重礼仪可以有效消除乘客不满，有利于解决投诉。

1. 用心倾听

乘客投诉通常是认为受到了不合理或不公正的待遇，需要倾诉，空乘人员应用心倾听，让乘客发泄情绪，成为一个忠实的听众，并不时以"哦""原来是这样"积极回应，并适当安抚乘客"请您别着急""您先消消气""我很理解您的感受"等。

2. 真心道歉

乘客投诉时不论是否是本公司的原因，都要真心道歉，并对顾客提出的问题表示感谢，如"对不起，给您添麻烦了""对不起，耽误您的时间了""感谢您提出的宝贵意见，我们会马上改正"。

想一想：

如果遇到晕机的乘客，乘务员服务时应注意哪些礼仪?

3. 协商解决

通过倾听和沟通，服务人员弄清楚投诉原因，了解乘客意愿，及时主动提出解决方案或采取的措施，如果是因为对服务人员的态度不满，要考虑让服务人员本人道歉或值班站长代为道歉，并要征得乘客的同意，态度诚恳，“这样处理，您满意吗？”

4. 及时行动

乘客同意解决方案后，服务人员应马上行动，落实解决。并对乘客表示感谢，感谢乘客发现和指出服务中的问题，有利于提高企业的服务质量。

学习实践

情景(一)

航班上，两名乘客因调座椅靠背发生矛盾。

乘客A：“先生，麻烦往前调一下座椅，我需要休息。”

乘客B：“我为什么要调？我也需要休息。”

乘客A：“你现在影响到我了。”

乘客B：“请你不要打扰我。”

乘客A：“乘务员请过来一下。”

乘客A：“乘务员，他执意不调座椅靠背影响我休息了。”

实践要求：1. 学生分小组进行头脑风暴，讨论乘务员应如何处理这类矛盾。
2. 小组角色扮演，课堂演练化解矛盾。
3. 其他小组观摩并讨论该组完成情况。

情景(二)

全班学生分组，7～8人为一组，分别扮演乘务员和乘客，设定乘客角色（商务人士、旅行团、老年人等），选择一种交通服务环节（高铁售票、航空迎送、餐饮服务、报纸杂志服务等）进行模拟演练。

实践要求：1. 小组讨论，设计服务场景和内容。
2. 模拟时其他小组观看并记录。
3. 其他小组对模拟进行评价分析。

思考练习

1. 名词解释

交通服务礼仪

2. 简答题

(1)驾驶员应注意的礼仪有哪些？

(2)轨道交通服务人员的礼仪有哪些？

(3)航空交通服务人员的礼仪有哪些？

3. 技能实践

(1)为自己设计交通服务人员形象并展示。

(2)进行坐姿、站姿、走姿、蹲姿、微笑、手势引导等训练。

任务三　银行服务礼仪认知与实践

学习准备

1. 参观某一银行网点,了解并体验相关礼仪。

2. 准备模拟实训所用签字笔、账表、点钞纸、文件夹等物品。

理论认知

银行业是服务密集型行业,对工作人员的礼仪要求较高,规范的服务礼仪和灵活的服务技巧,能使银行赢得客户良好的第一印象。通过亲切友善的言谈,得体大方的装束,细致周到的服务来提高品牌式服务的水准,建立忠实的客户群,树立银行企业品牌和形象。

一、概念

银行服务礼仪是指银行工作者在履行职务时所必须遵守的礼仪规范。具体表现为:规范服务、优质服务、科学服务、热情服务、礼貌服务。

二、银行服务礼仪的特征

(一)要具备强烈的客户服务意识

银行服务人员的服务意识是做好服务的前提,服务意识即服务人员要找到 3 种感觉:摆正位置、善解人意、细致入微。

(二)要有极强的沟通技巧和心理调控能力

银行服务人员更需要理解工作时的 4 大法则:第一,懂得合作与服从;第二,勇于承担并负责;第三,承受折腾和压力;第四,不发牢骚与怪话。

(三)服务工作要有创新

体现在:工作中主动服务、服务中注重细节、上下级明确责任、同事间团结协作。

（四）专业知识要扎实

银行工作人员要满足客户的专业金融信息需求，当客户有什么问题时一定要第一时间帮客户解答，这就要求服务人员的专业知识非常牢固。

三、营业网点接待礼仪及服务规范

（一）帮助服务

下台阶或走过光滑地面时，服务人员应对老弱病残客户予以帮助，如辅助行走、助臂服务，同时提醒客户："请当心台阶""请注意脚下"。

（二）账单递接

服务人员上身前倾 15 度，用双手递接物品，账单文字正对着客户，如果客户签单，应把笔套打开，笔尖对着自己，然后以右手递给客户，并提醒客户："请在右下角签名。"（图 7-3-1）。

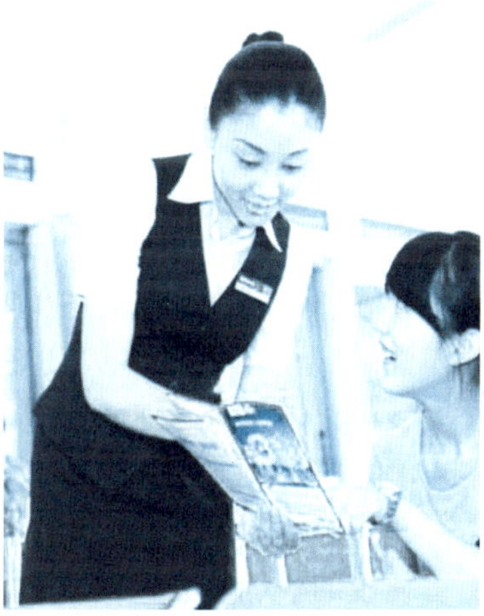

图 7-3-1　账单递接

（三）交接款项

服务人员交接款项时眼睛应注视着客户的眼睛，并把款项正对着客户，双手递到客户面前，并示意对方确认，并提醒客户"请您收好×元。"

（四）运用视线服务

从客户走进大门进入银行工作人员视线时就要随时关注客户动向，予以眼神交流，使客户感受到服务人员的关注与热情。

四、大堂经理接待礼仪及服务规范

（一）五声服务

（1）客户进大厅有"迎声"，"您好，欢迎光临！"

（2）客户询问业务有"答声"，"是的，由我为您服务。"

（3）客户主动帮忙有"谢声"，"谢谢。""谢谢您！"

（4）客户不满有"歉声"，"让您久等了，真是对不起！"

（5）客户离去有"送声"，"再见！""您慢走。"

"五声"服务时的语调要平和沉稳、口齿清晰、语气正确。同时做到目光坦然、态度亲切、和蔼有神，面带微笑。

(二)三姿服务

1. 站姿

目视前方，抬头挺胸，双肩放平，双臂下垂，收腹立腰，双腿直立，脚尖呈 V 形，身体重心放到两脚中间。男士也可两脚分开，比肩略窄，双手合起，放在腹前或背后。

2. 坐姿

从左侧轻轻入座，至少坐满椅子的 2/3，后背轻靠椅背，双膝自然并拢(男性可略分开)。对坐谈话时，身体稍向前倾，表示尊重和谦虚。如果长时间端坐，可将两腿交叉重叠，但要注意将腿向回收。

3. 蹲姿

一脚在前，一脚在后，两腿向下蹲，前脚全着地，小腿基本垂直于地面，后脚跟提起，脚掌着地，臀部向下。

五、客户抱怨投诉处理礼仪

世界上没有完美的人，当然也没有完全满意的客户，客户投诉是非常正常的，重要的是客户投诉要怎么处理得当。产生不满、抱怨、投诉的三大原因：一是客户对产品和服务项目本身的不满；二是客户对服务人员服务态及技巧不满；三是客户自身的原因。客户通过语言抱怨或公开投诉以求发泄心理的不满，获得尊重以及得到补偿。为此应对客户投诉要认真对待。

(一)加强倾听训练

倾听的要领是克服自以为是，克服自我中心，克服偏见或成见，尊重对方，体察对方的感觉，耐心地听完对方的全部叙述后再做出回答，并表示对对方的理解，注意不使用会给对方火上浇油的措辞。要关怀、了解、接受对方，鼓励他或帮助他寻求解决问题的途径。

(二)具备耐心、恒心、细心

客户投诉有时是为了发泄，这时服务人员需将客户请至安静舒适的环境，耐心倾听，让客户尽情倾诉，不去打断客户，并减少其他工作和电话的干扰，神态专注地与客户交谈。客户的情绪得到倾诉和回应后，不满自然也会消除。

六、银行业服务礼仪常见问题

(一)银行柜台办理业务排队时间较长

经调查客户在银行的时间 3/4 是用于排队等候。在一线城市排队等候现象更为严重，平均为 37 分钟，其中 16.6%的客户在银行排队时间超过 1 小时，而二线城市客户排队等候时间平均为 20 分钟，排队等候超过 1 小时的为 5%。一是通过增开柜台改善服务流程；二是要求银行服务人员熟悉业务；三是发展多元化电子渠道。

(二)银行大堂工作人员服务不到位

客户去银行营业厅办理业务，例如银行卡丢失，客户不知道怎样处理，希望有人帮忙，柜台排队又太长，营业大厅无人问询无人帮助，这时银行的服务形象就会在客户心中大打折扣。为避免出现此类问题，银行要保证大厅时刻有专职人员为客户提供服务。

七、银行服务礼仪的提升

客户衡量银行服务的标准：适时、适度，即在最需要的时候能不能给客户提供服务并满足需求。银行服务的最高境界是与时俱进，用心去为客户做好每一项服务，不断满足客户的多种需求。银行可通过满足客户环境需求和情感需求提升客户满意度。

(一)硬件环境需求

提升银行营业厅的硬件环境，除保持等候区和柜台的环境清洁外，还可通过增设如饮水机、婴儿椅、按摩椅等休闲设施，开放卫生间等措施，降低客户等待时的焦躁心理。

(二)软件情感需求

客户除需满足基本的业务办理需求外，还有受欢迎需求、及时服务需求、有序服务需求需要得到满足。这就要求我们始终以微笑服务与客户进行目光交流，耐心倾听客户的问题，帮客户逐一解答，在办理业务时要快捷准确，不要让客户长时间等待，同时注意为客户办理业务遵循先来后到的原则。

学习实践

情景(一)

某单位退休员工王强的10万元的定期存款到期，去某银行柜台办理取款。

王强："存单到期了，帮我把钱取出来吧，10万元现金我带走。"

银行工作人员："今天是星期日，现金不够。"

王强："你们正常营业为什么办不了？"

银行工作人员："今天是周日，你又没有预约，没法给你取。"

王强："没钱你们开门干什么？"王强随即进行了投诉。

实践要求：1.学生分小组进行角色扮演。

2.分析投诉的原因并提出解决办法。

情景(二)

花店店长李梅："我要取4万块钱。"

银行工作人员："现在还没到上班时间，你9点以后再来吧。"

李梅："你们上班怎么这么晚啊？"

银行工作人员："全国银行都9点上班，我们哪里晚了？"

李梅很生气，拨打了客户投诉电话。

实践要求：1. 思考银行工作人员应注意哪些礼仪？
2. 该事件应如何处理？
3. 小组成员模拟该事件处理情形。

思考练习

1. 名词解释

银行服务礼仪

2. 简答题

(1)银行服务礼仪的特征？

(2)客户投诉的应对与技巧？

3. 技能实践

请同学利用周末到某家银行柜台亲自办理业务，如开户、开通网银、转账等，注意观察从你进入大门起遇到的每一位服务人员的服务礼仪。

任务四　旅游服务礼仪认知与实践

学习准备

1. 观看旅游宣传片，了解旅游服务礼仪相关信息。
2. 参观当地知名景区，观察并体验导游服务质量。
3. 准备扩音器和导游旗等器材。

理论认知

随着我国旅游业的迅速发展，旅游市场的竞争日益激烈。旅游产品的典型特点是有形产品和无形服务相结合，旅游服务企业要想在竞争中求发展，良好的服务质量是关键，在旅游接待及服务中加强服务礼仪尤为重要。

一、概念

旅游服务是指旅游业服务人员通过各种设施、设备、方法、手段、途径为旅客提供能够满足其生理和心理的物质和精神的需要。旅游接待与服务礼仪是旅游企业从业人员在旅游服务活动中所遵从的对他人表示尊重的行为规范和处世准则。

二、旅游服务礼仪的特征

旅游服务礼仪除了具有明显的规范性和可操作性的特点外，主要还具有以下特征：

(一)广泛性

现代旅游业不仅是传统的游山玩水,还发展了体验类深度游、休闲类慢游、传统类文化游等多种形式,涉及交通、住宿、餐饮、娱乐等多行业联合服务,环节纷繁复杂,为了保证旅游服务工作的顺利完成,需要按照一定的礼仪规范做好服务和接待工作,旅游礼仪要贯穿整个旅游过程。

(二)灵活性

不同旅游服务门类在接待环节具体操作可根据游客的不同情况进行适时调整,以让游客获得更好的服务体验。如遇到旅游时路线与日程的变更,行李丢失或损坏,游客身体不适,交通事故,自然灾害等都需要旅行社和导游积极化解危机,具备快速反应解决问题的能力。

(三)差异性

一方面指服务要有地方特色和创新特色,与众不同,吸引游客前来体验;另一方面也要求服务工作要充分尊重游客在年龄、地域、职业、文化程度、兴趣爱好、文化背景、风俗习惯上的差异。

三、旅游服务礼仪的原则

(一)尊重待客

尊重是礼仪的核心和基础,没有尊重就没有礼仪。在游客面前既要自尊自爱,又要尊重游客,不能有年龄歧视、地域歧视、消费歧视等有悖于礼仪的言谈行为举止。尊重游客要做到牢记游客的名字,善用尊称,倾听游客的需求。建立游客档案并充分利用,这是真心实意地重视尊重服务对象的表现,可以有效避免服务的盲目性,提高服务效率和游客满意度。

(二)热情待客

让游客体会到友好、善意、尊敬的最好方式是热情待客。积极、热情、主动地接近对方,淡化彼此之间的戒备、抵触和对立的情绪,恰到好处地向对方表示亲近友好之意,将对方当作自己人来看待。旅游服务人员一视同仁地在工作中做到有问必答、有呼必应、嘘寒问暖、主动热情地解决游客的各种问题,满足游客的各种心理需求。

(三)宽容待客

旅游服务人员要面对形形色色的游客,如果遇到游客提出一些过分甚至失礼的要求,要沉着应对,不可与游客争执,游客更在乎服务人员怎么说,而不是说什么,当游客对服务提出不满时,要耐心倾听,认真整改。

(四)文明用语

使用礼貌用语要谦逊文雅,使用普通话和敬语。声音优美、动听、语言标准、咬字清晰、音量适度,要使听者感到亲切自然。服务人员应该根据不同游客、不同情景通过语言表达对游客的赞扬，从而让游客舒心。

四、旅游服务礼仪的具体内容

主要包括旅行社服务礼仪、导游服务礼仪、酒店服务礼仪。

（一）旅行社服务礼仪

旅行社是旅游活动的组织者、安排者和联系者，是旅游业的主导力量，在整个旅游活动中处于核心位置。旅行社向旅游者提供旅游咨询服务、介绍和推销旅游产品服务，同时又会根据游客提出的各种不同需求，为其设计、安排相应适合的旅游产品，同时也可为散客旅游者办理托代办服务等，如办理旅游签证、护照、港澳通行证等相关证件。旅行社与交通、酒店、景区等部门都有相应的合作关系，在整个旅游活动过程中，旅游服务人员都应该遵守礼仪规范，注意服务礼仪的运用，为旅行社塑造良好的企业形象做出自己的贡献。

旅行社营业员在接待过程中应做到：

（1）注重仪容仪表，着装工整，并佩戴工牌。

（2）主动为客户提供服务，热情对待每一位进入营业厅的客户，并提供宣传资料，耐心解答询问。

（3）接听客户来电咨询时，铃声三响之内及时拿起话筒，热情细致地回答问题。

（4）在接待客户过程如需接听他人来电，应向客户致歉并尽量缩短通话时间。

（5）如遇到客户人数较多时，应按顺序依次服务，对于晚到的客户礼貌地打招呼并递送旅游资料，供其边阅读边等候。

（6）签订旅游合同时，提醒客户填写事项和细节，认真检查。

（7）接待客户投诉时，应认真倾听记录，并及时安慰客户，能当面答复的尽量答复，不能当面答复的，应告知客户会尽快向上司汇报，调查处理后向客户答复。

（8）客户离开时，应起立礼貌地向客户送别。

（二）导游服务礼仪

导游服务，是导游人员代表被委派的旅行社，接待或陪同游客旅行、游览，按照预定的内容和标准向游客提供的旅游接待服务。导游服务从接团开始，至送团结束，有一套完整的服务程序（图 7-4-1）。

图 7-4-1　导游礼仪

1. 导游的基本素质

第一，要坚定爱国主义意识。

第二，要遵守法律法规和职业道德。

第三，要维护旅游者的合法权益。

2. 导游服务内容

（1）提前准备好门票并告知使用注意事项。如果门票外另有收费参观项目，需提前告知游客。

(2)带领游客在景区内游览主要景点,合理规划路线。

(3)负责游客人身安全,提醒游客使用安全设施。

(4)讲解景区的文化,让游客不虚此行。

(5)为游客提供饮食和休息,保障身体健康。

(6)帮助游客拍照留念。

(7)当游客遇到特殊情况时积极联系救助人员。

3. 导游服务礼仪要求

(1)导游需服装整齐、大方,可适当具有地方特色同时兼顾方便行动。

(2)提前到达接团地点或集合地点,并将导游证和导游旗向游客展示。

(3)使用普通话接待游客,如有外籍游客可用其本国语言交流。

(4)尊重每位游客风俗习惯,照顾游客饮食习惯。

(5)结束旅游,欢送游客,应提醒游客带好自己的证件及行李物品,致欢送词时,应感谢游客对自己工作的支持与合作,表达惜别之情,希望下次再为大家服务。

(三)酒店服务礼仪

在旅游服务礼仪中,接待礼仪是在接待工作过程中形成的尊重宾客的礼节仪式。接待宾客是酒店职业人员日常工作中最基本的内容,表现在迎客、待客、送客的各个环节。接待过程中应该体现宾客至上、礼貌服务的接待礼仪,目的是让宾客有受到尊重、宾至如归的感觉。

1. 基本要求

第一,仪容仪表美观,职业装穿戴整齐,发型干净利索。

第二,品德和修养良好,有始有终,礼貌相待。

第三,服务态度积极,做到热情问候,主动服务。

第四,服务技能优良,做到眼观八方,及时服务,认真细致,灵活应变,团结协作。

2. 客房服务礼仪

第一,客房服务人员必须保持仪容整洁、仪表端正、精神饱满,按规定要求统一着装。

第二,应坚持站立服务,姿势端正。

第三,服务用语和服务人员之间用语注意文明礼貌。

学习实践

情景(一)

在参观英雄纪念碑时,导游王强一直在与游客谈论时尚和娱乐。这种做法是否合适?

实践要求:1. 学生分小组讨论导游王强做法的不足。

2. 明确导游服务礼仪有哪些?

小贴士

旅游服务人员的工作制服是职业服饰。不同的工种有不同的制服,它既是职业责任的要求,也是对游客表示尊重的需要。可选择具有当地特色的图案点缀职业装。

情景(二)

李刚入住一家星级酒店,头天晚上委托总台服务员叫醒,早上虽然接到叫醒电话但他又睡着了,从而耽误了航班。李刚向值班大堂经理投诉。

大堂经理:"先生,您好!我是大堂经理王云,请告诉我发生了什么事?"

李刚:"什么事?你还不知道?我耽误了飞机,你们要赔偿我的损失。"

大堂经理:"对不起,发生这样的事情我们也很遗憾。请您接受我们的道歉。"

李刚:"别说这些没用的,我的损失你们必须赔偿。"

大堂经理:"如果这件事发生在我身上,我肯定会冷静的,所以我希望你也冷静。"

李刚:"我快急死了,你也不用安慰我。我们没什么好讲的,去叫你们经理来。"

大堂经理:"经理委托我全权解决问题,希望你接受道歉。"

李刚:"我不接受道歉,我的损失你们一定要赔,否则我就起诉你们。"

实践要求:1.小组讨论该事件应如何处理?

2.小组成员模拟角色扮演该事件后续处理情形。

思考练习

1.名词解释

旅游服务礼仪

2.填空题

(1)旅游服务礼仪的特征除了规范性、可操作性外,还包括________、________和________等方面。

(2)旅游服务礼仪的原则包括________、________、________、________。

3.技能实践

(1)把校园当作旅游景点,写出导游词并请同学们扮演旅游团,进行校园"半日游"并请"游客"用手机拍下你作为导游的言谈举止,根据旅游服务礼仪相关内容对比找出差距。

(2)模拟酒店前台、酒店客房服务人员、酒店餐厅服务人员,进行基本礼貌用语的训练。

(3)两人一组,其中一人为游客,一人为导游,模拟游客把手机落在酒店房间,直到下一景点才发现,导游该如何处理?

任务五　情景模拟实践

一、实训目标

1.熟练掌握教师、交通服务、银行服务、旅游服务等不同职业的礼仪要求。

2.能够根据不同职业、不同岗位进行职业形象设计。

3. 能够熟练运用职业礼仪规范和岗位礼仪细节为客户提供优质服务。

4. 能够运用职业礼仪灵活应对客户投诉。

二、场景设计

王磊是某实验中学的一名青年教师，有较高的教育教学能力，曾多次代表学校参加说课比赛并获得优异成绩。两个星期前王磊接到通知，将代表本省参加全国教师说课比赛。今天王磊将开始比赛行程。

场景一：王磊利用打车软件预定了网约车司机刘师傅，约定 10 分钟后出发开往飞机场。王磊进入候机厅，更换登机牌，接受安检。

场景二：王磊登机，航程时间两小时，飞机安全着陆。

场景三：王磊乘坐机场地铁到达比赛组委会预定的酒店入住。

场景四：说课比赛地点设在酒店三楼，比赛组委会将比赛的服务工作交给酒店负责。第二天，进行说课比赛。

场景五：王磊取得了优异成绩，荣获一等奖，知名教育专家为获奖教师颁奖，王磊发表了获奖感言。

（教师根据情况增减场景。）

三、实训步骤

1. 组建模拟演练小组：按照 6～8 人的标准将全班学生划分为若干模拟演练小组，每个小组指定推选一名组长。

2. 确定演练主题：教师事先准备好不同的模拟场景，由组长抽签决定模拟主题和模拟顺序。

3. 设计模拟演练：各小组根据抽取的模拟主题设计情节内容，并形成文字，作为剧本。教师说明要求：故事情节合理，体现不同职业礼仪要求，每位同学都要担任一定角色，表演时间 5～10 分钟。

4. 模拟演练：

第一，小组成员布置场景；

第二，由组长说明模拟主题和模拟环节；

第三，各位组员自我介绍及说明担任的角色；

第四，进入情景模拟；

第五，组长宣布结束，小组成员答谢。

其他各组认真观看，记录。

5. 拍摄记录：由其他组负责拍摄记录，留存资料，便于教师点评。

6. 教师点评，根据评价表（表 7-5-1）给出小组成绩。

7. 每人同学撰写一份情景模拟演练的实训报告（表 7-5-2）。

四、效果评价

表 7-5-1 情景模拟评价表

序号	评价要点	分值	评价说明	得分
1	情节设计	10	情节合理，紧凑	
2	仪容	10	符合职业要求，女生化淡妆，男生仪表整洁卫生	
3	仪表	10	着装得体，职业装穿着规范	
4	仪态	10	坐立行走规范、动作熟练	
5	表情	10	表情自然，微笑和眼神的运用得当	
6	语言表达	10	清晰流畅，交流自然，用语文明、准确、恰当	
7	专业表现	10	体现一定的礼仪规范	
8	表演熟练程度	10	表演衔接顺畅	
9	团队合作	10	角色分配合理，配合默契	
10	整体评价	10	情景模拟整体效果	
总分				

表 7-5-2 情景模拟演练实训报告

班级		学号		姓名		成绩	
模拟演练主题							
实训目的							
实训背景							
实训要求							

续表 7-5-2

实训心得	
实训评价	（指导教师填写） 教师签名：

项目评价反馈

一、小组评价

序号	评价项目	评价情况
1	与其他同学口头交流学习内容是否流畅	☆☆☆☆☆
2	是否尊重他人	☆☆☆☆☆
3	学习态度是否积极主动	☆☆☆☆☆
4	是否服从教师的教学安排	☆☆☆☆☆
5	着装是否符合标准	☆☆☆☆☆
6	是否能保持学习环境的干净整洁	☆☆☆☆☆
7	是否遵守学习场所的规章制度	☆☆☆☆☆
8	是否有工作岗位的责任心	☆☆☆☆☆
9	是否达到全勤	☆☆☆☆☆
10	团队学习中主动与合作的情况如何	☆☆☆☆☆
11	能否主动参与教学场所的清洁和整理工作？	☆☆☆☆☆

参与评价的同学签名______________________

二、教师评价

1. 对实践操作的点评

2. 对学习过程的总体评价

教师签名

三、学生评价

1. 对教师授课效果的评价

2. 对学习效果的评价

学生签名

项目八

涉外礼仪认知与实践

学习目标

1. 理解涉外礼仪的概念及基本原则。
2. 通过美、法、日、韩等国家礼俗认知，了解学习涉外礼仪知识。
3. 了解国旗、国徽、国歌礼仪。
4. 了解中国国歌、国徽、国旗产生的背景。

任务描述

本项目分为涉外礼仪认知，国外礼俗认知，国旗、国徽、国歌的礼仪认知和情境模拟训练 4 个任务。学生通过本项目的学习了解涉外礼仪的概念及原则；了解部分国家如美、法、日、韩的主要礼俗和主要禁忌；了解国旗、国徽、国歌的礼仪。

内容结构

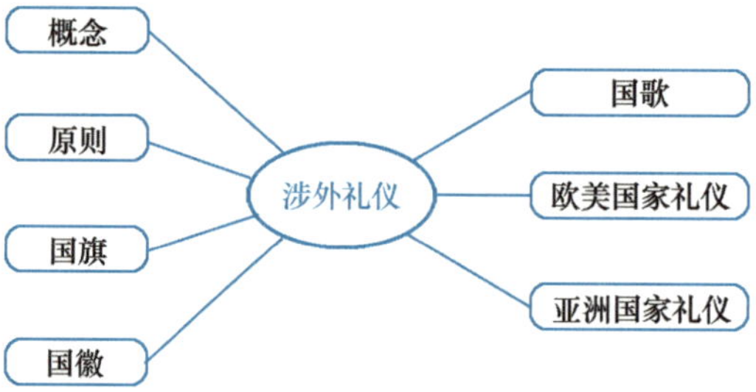

成语话礼

分庭抗礼

分庭抗礼成语出自《庄子·渔父》:“万乘之主，千乘之君，见夫子未尝不分庭伉礼，夫子犹有倨敖之容。”原义是客人与主人分立在庭的两侧，以平等的地位相对行礼(庭:庭院，伉:对等，伉:通“抗”)。后用来比喻在礼仪交往中彼此地位或势力相等，平起平坐或互相对立。

任务一　涉外礼仪认知

学习准备

1. 观看新闻联播中涉及我国与其他国家交往时的各方面礼仪情况。
2. 观看电影《我和我的祖国》之《回归》片段，了解涉外礼仪相关知识，感受浓浓的爱国情。

理论认知

随着经济全球化的日趋发展，我国与世界各国的交往交流也日益增多。而我国与西方国家在礼仪上有较大的差异，所以掌握一定的涉外礼仪是至关重要的。在涉外交际中，人们也要按照国际上的习惯，掌握相应的礼仪，可加强我国人民同世界各国人民之间的友谊，也可展示我国礼仪之邦的风采，得到更多国家及人民的尊重与爱戴，消除隔阂和怨恨。

一、涉外礼仪的概念

涉外礼仪是人们在参与对外交际活动时，为了维护自身形象以及对外交对象表示尊敬与友好的习惯做法，是在长期的国际交往中，由各国相同或相似的礼仪规则慢慢演化成为一种国际惯例，为各国共同遵守的礼仪原则。

因不同国家(地区)在地域、种族和文化上的不同，各国对于礼仪的认识存在着差异。随着我国改革开放的深化，人们的外事交往越来越多，了解涉外礼仪的原则和要求，掌握涉外礼仪，是非常必要的。

二、涉外礼仪的原则

涉外礼仪原则是指人们在接触本国以外的人员时，应当遵守并应用的有关国际交往惯例的基本原则。从事涉外工作的人员，不仅要掌握本国的外交政策、外交原则，还要熟悉掌握国际交往中的惯例、通则。

(一)维护形象原则

在国际交往中，要时刻注意保持良好的个人形象。仪表、服饰、体态、言谈举止是个人形象的具体体现，反映了一个人的内在素养和精神面貌。个人的形象在国际交往中也代表了其所属国家和民族的形象，维护个人形象就是在维护国家和民族的形象和利益。

(二)求同存异原则

世界各国的社会制度、文化背景不同，礼仪习俗也存在着较大差异。“求同”是寻找共同思想、共同要求、共同利益；“存异”是保留不同观点、不同主张、不同利益。在国际交往中，为了减少麻烦、避免误会、构建和谐环境，我们要按照求同存异的原则，既要了解和尊重交往对象所在国的礼仪习俗，更要认真遵守国际上所通行的礼仪惯例。

(三)信守约定原则

"信守约定"原则，是指在一切正式的国际交往之中，必须严格遵守自己的所有承诺。尤其有关时间方面的约定，必须要恪守不怠。真正做到"信守约定"，必须注意以下 3 点：首先许诺必须谨慎，一旦许诺，就一定要兑现；其次认真遵守已作出的约定，说话务必算数；最后，对于不可抗拒的因素而导致自己单方面失约，或是难以履行约定，要尽快向有关各方进行通报解释，并真诚道歉，主动地承担责任和损失。

(四)女士优先原则

在国际上有一条公认的重要的礼仪原则，就是"女士优先"。其含义是：在各种社交场合，成年男士有义务和责任为妇女排忧解难，并主动地以实际行动去尊重妇女、关照妇女、体谅妇女、保护妇女。

(五)尊重隐私原则

尊重隐私是对人最基本的尊重。所谓个人隐私，就是一个人出于个人尊严和其他方面的考虑，不愿意公开、不希望为外人了解或打听的个人秘密、私人事宜。涉外交往中，我们务必要严格遵守"尊重隐私"这一涉外礼仪的主要原则。不主动了解、不传播、不泄露他人的隐私，是一个有教养的人应有的品质。

(六)不卑不亢原则

在国际交往中，个人不仅是个人，他还代表着自己的国家、自己的民族、自己所在的单位。每一个人在国际交往时，要时刻注意自己的言行，应做到从容得体、堂堂正正。既不能表现得低声下气，也不能表现得狂妄自大；既要自尊自信，又要善待和尊重他人。每一名中国人，在涉外交往的各种环境中都要具备高度的社会主义觉悟，坚定的政治立场和严格的组织纪律，忠于祖国，维护国家利益和尊严，体现中国人民的气概。这也是我国一切涉外人员的行为准则。

(七)入乡随俗原则

"十里不同风，百里不同俗"，世界上的各个国家、地区和民族，在历史发展的过程中，形成了不同的宗教、语言、文化、风俗和习惯。这就要求我们在涉外交往活动中，要充分地了解对方的习俗，如衣食住行、言谈举止、待人接物等方面的讲究和禁忌，还必须充分尊重对方所特有的风俗习惯，切不可妄加非议，我行我素。

小提醒

"个人隐私八不问"

一、不问收入支出；二、不问年龄大小；三、不问恋爱婚姻；
四、不问身体健康；五、不问家庭住址；六、不问个人经历；
七、不问信仰政见；八、不问所忙何事。

(八)热情有度原则

“热情有度”是指在与外国人直接打交道时，不仅待人要热情而友好，更要把握好分寸。否则就会事与愿违，过犹不及，遭人厌烦或让人怀疑你别有用心。遵守好“热情有度”这一基本原则，关键是要掌握好 4 个 “度”，即 关心有度、批评有度、距离有度、举止有度。

重视并遵守国际上的通用的礼仪规范，不仅可以维护我们个人、单位和国家的对外形象，还充分体现了对外宾的尊重。只有掌握了涉外礼仪原则与常识，在涉外交往活动中才能做到有礼有节，融洽共处。

学习实践

情景(一)

小李是北京一家星级酒店楼层服务员。一天，一对入住数日、来北京谈生意的法国夫妇外出归来。小李顺口便问：“你们去哪里玩了?”法国夫妇礼貌地回答道：“我们去王府井了。”小李又问：“你们都去逛了什么店?”对方无奈地应道：“王府井百货大楼。”小李追问道：“是嘛，都买了些什么呀?”法国夫妇看了小李一眼，没有作答，说声再见后离去。晚上，这对法国夫妇便向酒店提出了更换楼层的要求。

实践要求：1. 小组讨论，说一说在本案例中法国夫妇为什么要更换楼层?

2. 小李违反了哪项涉外原则?

情景(二)

20 世纪 60 年代，美国总统约翰逊访问泰国。在受到泰国国王接见时，约翰逊竟毫无顾忌地跷起了二郎腿，脚尖正对着国王，而这种姿势在泰国被视为侮辱，因此引起泰国国王的不满。更为糟糕的是，约翰逊在告别时竟然用得克萨斯州的礼节紧紧拥抱了王后。在泰国，除了泰国国王外，任何人都不得触及王后，这举动使泰国举国哗然。约翰逊的访问产生了不小的遗憾，也成了涉外交往中的典型笑话。

实践要求：1. 小组讨论，对于以上案例你有何感想?

2. 每小组选派一位代表谈谈你们的看法。

思考练习

1. 名词解释

涉外礼仪

2. 简答题

涉外礼仪包括哪些基本原则?

3. 选择题

(1)在涉外交往活动中，下列哪一做法不正确?(　)

A. 注意自己的仪容仪表、言谈举止等

B. 要抬高自己，以显示自己所在国家的地位

C. 身为客人，通常讲究“客随主便”
D. 说话算话，兑现承诺

(2)涉外交谈中，哪些问题不能问？(　)
①不问年龄　②不问婚否　③不问去向　④不问收入　⑤不问地址
A. ①②③　B. ①③④⑤　C. ①②③④　D. ①②③④⑤

(3)在涉外交往中，应遵循哪些原则？(　)
①热情适度　②求同存异　③维护形象　④信守约定
A. ①②　B. ③④　C. ①②③　D. ①②③④

(4)国际社会公认的“第一礼俗”是(　)。
A. 宽容原则　B. 尊重原则　C. 女士优先　D. 信守约定

任务二　国外礼俗认知

学习准备

1. 了解美、法、日、韩等国家的涉外礼仪知识，比较其与中国传统礼仪的区别，传承中国优秀的礼仪文化。

2. 观看美国电影《窈窕淑女》，体会欧美国家礼仪。

理论认知

世界各国由于地域、国别、种族、传统习惯等方面的不同，礼仪和习俗有着较大差异，在国际交往中需要加以了解并尊重各国礼俗。欧洲包括英、法、德、意等众多国家，美洲主要是美国、加拿大、墨西哥等国家，他们很多人自欧洲移民到美洲，礼仪习俗与欧洲很相近，只是在行为方式上更开放现代些；亚洲包括中、日、韩等众多国家，具有独特的东方礼仪文化。

一、欧美国家礼俗

由于欧洲和美洲国家众多，但很多基本礼俗相似度较高，下面就以美、法两国为例，了解部分欧美国家的礼仪习俗。

1. 教养礼仪

(1)尊重个人　在欧美国家，人们一切行为以自我为中心，个人利益神圣不可侵犯。在日常交谈中，不愿意谈及个人私事；尤其与欧美人初次交谈，不要谈论疾病、死亡等不愉快的事；一起吃饭或娱乐时，他们喜欢 AA 制付款，不要抢着买单。

(2)尊重女士　多数欧美男士都会非常有礼貌地对待女士。当女士走进房间时，男士常常要起身打招呼；做客拜访时，需先向女主人致意，告别时则首先向女主人道谢；男女共同用餐时，请女士优先点菜，请女士优先用菜，优先向女士敬酒等；上楼时，请女士行走在男士之前，下楼时，则男士先行于女士；乘坐汽车和电梯，男士后进先出；男女同行则男士要主动为女士开车门和房门，以示礼貌和尊重。

2. 会面礼仪

（1）守时观念　很多欧美国家时间观念很强，约见会面需要提前打电话约定时间、地点。尤其公务活动要按预定的时间开始，迟到非常不礼貌。

（2）个人形象　正式会面前要着装整洁适宜，修整指甲、胡须；出席正式场合，着装比较正式。

（3）握手礼　欧美国家会面最常见的礼节是握手礼，行礼时双方间距一步左右，上身稍微前倾，伸出右手，四指并拢，拇指与四指分开自然伸向对方。男人之间握手越紧，常意味着友情更深，女性见面一般不握手。如握手一般女士先伸手，注意男士只需轻握女士手指部分即可，且不可握太紧；如女士无握手的表示，男子鞠躬点头问候即可。长幼之间，则年长者先伸手；上下级之间，上级先伸手；宾主之间，主人先伸手。注意握手时应摘除手套。

（4）吻手礼　在欧美上层社会流行吻手礼，与已婚贵族女士会面时，如果女方先伸手并做下垂式，男士则轻提女士的指尖轻吻，如女方没有主动伸手，则不必行吻手礼。

（5）亲吻拥抱　在欧美国家拥抱礼和亲吻礼会同时进行。在上级对下级、长辈对晚辈、朋友之间、夫妻之间表示喜悦、亲切、爱抚、悲伤和慰问时，通常会在受礼者脸上或额上轻吻一下。他们在见面或告别时常也互相拥抱来表示亲密无间。

3. 交谈礼仪

（1）介绍　介绍两人认识时，一般规则是先把男士介绍给女士、把职位较低一方介绍给职位较高一方、把年轻一方介绍给年长一方。日常生活和工作中一般都喜欢直呼其名，这样比较亲切友好，他们一般不把部长、总经理、局长等行政职务头衔用于称呼别人，正式的职务称呼一般只用于高级政府官员、教授、法官、军官、医生和宗教人士等。

（2）称谓　在欧美尤其一些英语国家，一般对未婚女士称“Miss”，已婚女士称“Mrs.”，对男士称“Mr.”。对具有一定社会地位的人，会将其职业与姓名连缀在一起称呼，比如医生（Doctor），教授（Professor），法官（Judge），政府官员如参议员（Senator），军官如将军（General），上尉（Capital）和高级宗教人士如主教（Bishop）等，如“Doctor Jack”“Professor White”，也可只称呼其职业名称，如“Mr. Judge”“Mr. Lawyer”等。

（3）交谈　同欧美国家人们交谈，态度要热情大方，礼貌文雅。需保持适当的社交距离，以50厘米以外为宜；谈话音量尽量不影响到周围人；坐时忌跷二郎腿；有女士在场时忌吸烟；男士与相识的女士打招呼应起立，女士则可坐着回应；见面时互相致意，亲切问候，讲礼貌用语，说话常带“请”“谢谢”“很乐意为您服务”等字眼；在倾听别人讲话过程中，要神情专注，不得随意打断别人；如要拒绝别人的要求，首先要说非常抱歉，然后坦陈自己的意见，并注意克制情绪，不强加自己的观点于他人。

4. 着装礼俗

在欧美国家多数公司要求职员上班时穿职业套装，显得庄重正式，职业套装面料一般由毛料制成，以黑、藏蓝、灰、棕色和茶青色居多。男士一般穿正装西服、衬衣、打领带，女士一般应着裙装或正装，避免穿牛仔裤。在一些特殊场合，着装也有基本要求，如参加重要聚会，男士应着西装，女士身着质地考究的西装裙或连衣裙；参加舞会和宴会，也都要穿比较讲究的正式套装或裙装。男士多为配以蝴蝶结的燕尾服或黑色套装，女士多穿连衣裙式的单色礼服。参加婚礼则应着黑色或素色的衣服，参加丧事，除黑色服装外往往还要佩戴墨镜或举黑色伞。

5. 送礼习惯

欧美国家也讲究礼尚往来，但他们会选择有特色或有特殊意义的小礼物，如小的特色纪念品、红酒等，略表心意即可，礼物不宜太过贵重，原因一是美国法律禁止送过贵重的礼物，二是美国人不很看重礼品自身的价值。

6. 小费礼俗

在欧美国家通常盛行接受服务后付给服务者小费，小费占总费用的15%左右，表示对服务比较满意。但不是对任何服务人员都付小费，如对海关检查员、警察、大使馆人员、政府机关人员等公务人员的服务不可付小费。

7. 禁忌习俗

欧美很多国家忌讳星期五和数字13，楼层他们往往以“14(A)”或“12(B)”代替13，尤其当日期是星期五遇上13号常被认为不吉利，若有重大活动或喜事一般会避开或不使用；忌问女士的年龄、男士的收入、衣着的价格、宗教信仰、竞选投票意愿等，这会被认为非常冒昧和失礼；遇到他人外出或归来，也不打听何去何从；在着装方面，欧美人不会在办公场合穿休闲运动装，也不会穿背心出入公共场所，更不能身穿睡衣外出；很多人非常注重公众形象，在宴会上喝酒不贪杯、劝酒、喝醉；外出爬山、上楼、坐车忌讳别人搀扶，因为这样会使被搀扶者显得老态。

法国人对灰绿色较忌讳，因为灰绿是第二次世界大战中希特勒法西斯军队军服的颜色；法国人偏爱淡蓝和天蓝色；法国人忌用孔雀、仙鹤、蝙蝠等图案；日常生活中忌用菊花，送花时忌送菊花，因为人们祭奠逝者常用黄色菊花。

二、亚洲部分国家礼俗

亚洲绝大部分位于北半球和东半球，亚洲各国崇尚社会整体的和谐与个人的谦恭自制，尤其在深受儒家传统思想影响的国家，人们交往中非常注重交际礼仪，认为遵循传统礼仪至关重要，而各国之间又有一些差异。下面以日本、韩国为例，了解亚洲部分国家的基本礼俗。

1. 会面礼仪

(1)称呼　日本人一般不称呼名字，只在正式场合或非常亲密家人和朋友才可称呼名字；一般人之间可互称“先生”“夫人”或“小姐”等，也可在对方姓氏或名字后加一个“君”字，尊称为“某某君”；在公司里，对上级称呼职务，如“课长”“部长”“社长”等。

韩国社交中，普通人之间常互称“先生”“太太”“夫人”“女士”“小姐”等，对具有一定社会地位者可称为“阁下”“先生”等，亦可加上职衔、军衔等，如“总统先生”“总统阁下”。

(2)交谈　日、韩非常讲究交谈礼节，措辞温和含蓄，讲话低声细语。尤其注意在公众场合低声讲话或接打电话，尽量不影响到周围人。日本和韩国社会交往上非常重视等级观念，在工作场合，下级对上级毕恭毕敬；在社交场合，要用敬语称呼地位比自己高的人，交谈中动词要用敬体；在集会场合，与会者落座一般会各自谦让，最终会按恰当的等级次序就座。

(3)鞠躬礼　日、韩见面常行鞠躬礼，一般是30度和45度的鞠躬礼，鞠躬弯腰深浅不同所代表含义有差别，而弯腰最低的鞠躬称为“最敬礼”，被认为是最有礼貌的。晚辈或下级遇到长辈或上级，要主动弯下上身行鞠躬礼并问候，并站立一旁让长辈上级先行，表示敬意。男性鞠躬礼，双手自然下垂置于衣裤两侧，女性则双手合起放在身体前方，并说“您好”“再见”“请多关照”等。鞠躬弯腰的程度分为几种：下躬 30 度，适用于日常生活、打招呼等；下躬 45 度，适用于初次见面、迎送客人、商业活动典礼或表示歉意、感谢时；下躬 90 度，适用于悔过、谢罪或追悼时。

2. 着装礼俗

现代社会日、韩人着装也受欧美的影响较大，尤其在工作场合以西装和职业正装为主，青年人更是喜爱现代服饰，但传统服饰文化仍然受到喜爱和保护，在日本街上常见到身着和服的人。日本和服宽大舒适，特别是女式和服，色彩缤纷，美观大方。和服用带子束腰来固定造型，和服背后有背包，常见背包的有正方形、长方形、蝴蝶形和花瓣形等。韩国在春节、中秋节、婚礼等重大节日庆典时仍穿民族服装。男式韩服由短袄和肥大的裤子组成，有时配以斗笠；女式韩服由有两根长带子系着蝴蝶结的短上衣和彩色长袖高腰长裙组成，上薄下厚，配以带勾的女式船形胶鞋，端庄娴雅，衬托着女性优美的体态。

3. 禁忌习俗

在日本的婚礼场合，注意不能说“完了”“断绝”等词语；在葬礼场合，不能说“频繁”“又”等词语；交谈时忌讳问别人收入，忌问女士年龄及婚姻状况等。日本人大多对数字的吉凶概念敏感，在喜庆场合和剧场、影院、医院等特殊场所忌用 4 和 9，因 “4”与“死”发音同，“9”同“苦”字谐音，尤其馈赠礼品不要送 4 件；日本人忌用绿色作装饰色，认为不吉祥；忌用紫色纸或布包装食品，认为不牢靠；忌用代表贪婪的狐狸和代表狡诈的獾等作图案；日本人对荷花很反感，荷花是丧葬活动用的；菊花在日本是皇室的标志，不能作为礼物随便送人。

韩语中“四”与“死”同字同音，也被认为不吉利，因此，韩国没有四号楼、四层楼、四号房，宴会厅里没有第四桌等；韩国传统观念认为右尊左卑，因此交接东西要用右手，忌用左手接，接递长辈或上级的东西则要双手；在坐姿方面，与年长者同坐时，应跪坐在自己的脚底板上，绝对不能把双腿伸直或叉开；给韩国人送礼，不宜送外国香烟，也忌送酒给女士。

学习实践

情景(一)

由美国、法国组成的外国贸易代表团今天将乘车到某市 F 公司进行商务考察访问，F 公司安排几位工作人员负责接待事宜。

实践要求：1. 模拟见面、接站、乘车安排及送行的具体礼仪。

2. 学生 6 人为一小组进行模拟表演，分饰代表团成员和接待人员。
3. 参考各国涉外礼仪知识，创设不同的外交情景，包括着装、会面、交谈等礼仪情节。
4. 小组角色互换扮演，可以适当安排一些小插曲，更好地体现涉外礼仪的规范。
5. 小组涉外礼仪趣味表演要具有特色，避免重复，尤其体现在称呼、赠送礼品、服饰、付小费等方面。

情景（二）

小丁在一家日资企业上班，周末他预约了本公司的日本同事，前往对方家中拜访，小丁准备了一份礼物和一束鲜花前往。到达之后，宾主双方进行了礼节性交谈，小丁拿出自己精心准备的礼品和鲜花，但令人意外的是，对方收到礼物非但没有感谢，反倒盯着印有荷花的包装纸快快不乐。这是为什么呢？

实践要求：1.请模拟宾主双方进行拜访交谈，要体现主人的热情和诚意。

2.思考一下，小丁的一番美意为什么会遭遇这样的尴尬，请你替他重新设计一份礼物和包装，弥补这次的不愉快。

思考练习

1.填空题

（1）在欧美国家介绍两人认识时，要先把__________介绍给__________，先把__________介绍给________，先把________介绍给__________。

（2）美国的正式服装有__________、__________和____________；参加婚礼注意穿着黑色或素色的衣服；而参加丧事，除黑色服装外往往还要佩戴__________或举________伞。

（3）日韩人见面时行鞠躬礼，一般行______度和________度的鞠躬礼。

2.简答题

（1）在美国付小费有哪些讲究？

（2）欧美国家礼仪中是如何体现尊重女士的？

（3）在日本通常有哪些禁忌习俗？

任务三　国旗、国徽、国歌的礼仪认知

学习准备

1.观看北京冬奥会影像资料，注意颁奖时国旗悬挂以及奏国歌礼仪。

2.手工制作中国国旗和外国国旗以及其他旗帜，模拟旗帜排列顺序。

理论认知

国旗、国歌、国徽是一个国家的象征和标志。在涉外活动中我们必须要尊重本国与其他国家的国家标志。正确使用国家标志，注意维护本国的国家标志，了解交往对象所在国国家标志的相关情况。

一、国旗

国旗，是一个国家的标志和象征。其规格与式样都是由一个国家的法律所规定的。在正式活动中，人们惯用本国国旗来表达自己对祖国的热爱以及民族自尊心和自豪感。

（一）了解我国国旗

中华人民共和国国旗是五星红旗。五星红旗，旗面为红色，代表着革命，意寓是用革命先烈的鲜血染成；形状为长方形，其长宽之比为三比二，旗面左上角镶有五颗黄色五角星。一颗星较大，其外接圆直径为旗高十分之三，居左，四颗星较小，其外接圆直径为旗高十分之一，环拱于大星之右，并各有一个角尖正对大星的中心点，象征中国共产党领导下的革命人民大团结和人民对党的拥护；旗杆套为白色，以与旗面的红色相区别。五星红旗的设计者是曾联松，他是一名来自浙江瑞安的普通工人。1949 年 10 月 1 日，在中华人民共和国的开国大典上，五星红旗首次在北京天安门广场升起。

（二）国旗悬挂场所和要求

影视片段

在涉外交往中，为了维护本国的荣誉与尊严，同时表达对外国应有的尊重与友好，必须遵循悬挂国旗的惯例，正确地升挂本国国旗或外国国旗。很多国家对悬挂外国国旗都有专门的规定，一般情况下，在一个主权国家领土上，不得随意悬挂他国国旗。

（1）我国外交部按照国际关系准则，对于涉外升旗和使用国旗做出了规定：

国家元首、地方政府首脑、其他外国贵宾等以本人所担当国家公务员的身份单独或者直接带领代表团来华正式访问时，在重大礼仪活动场所，如欢迎仪式、欢迎宴会、正式会谈、签字仪式等，升挂中国国旗和来访国国旗；在贵宾的住地升挂来访国国旗（元首旗）；在其乘坐的交通工具上，悬挂中国国旗和来访国国旗（元首旗）。

在重要的国际性会议和国际活动场所上，比如国际条约和重要协议的签字仪式、国际性的文体活动和展览会、博览会等可以悬挂中国国旗和有关国家国旗。

其他常驻中国的外国机构、外商投资企业，在升挂本国国旗时，必须同时升挂中国国旗。

中外合资经营企业、中外合作经营企业、外资企业的奠基、开业、落成典礼以及重大庆祝活动可以同时升挂中国国旗和有关国国旗。

中国国家领导人和各种代表团出国访问，根据东道国的规定和习惯做法升挂中国和东道国国旗。

（2）对于国旗的悬挂还有许多要求：按国际惯例，悬挂双方国旗时以右为上、左为下的原则。如并排悬挂双方国旗时，以旗自身面为准，右边悬挂客方国旗，左边悬挂主方国旗。如果是在汽车上挂旗，应以汽车前进的方向为准，驾驶员左手为主方，右边为客方。也有个别国家，把本国国旗挂在上首。所谓的主方、客方，不按活动举行的国家，是以举办活动的主人为依据。如外国代表团来访，东道国举行的欢迎宴会，东道国为主人；答谢宴会，来访者是主人。

(三)国旗的排序

国旗的排序,往往是非常敏感和重要的问题。一般国旗排序分为国内排序和涉外排序两种。国内排序是指中国国旗与其他旗帜的排序,涉外排序是指中国国旗与外国国旗的排序。

1. 国内排序

《中华人民共和国国旗法》规定,在国内活动中,国旗与其他旗帜同时升挂时,国旗要置于明显的位置。常见的排列顺序有前后排列、并排排列和高低排列3种情况。

(1)前后排列　当我国国旗与其他旗帜呈前后列队状态进行排列时,一般必须使我国国旗排于前列。

(2)并排排列　国旗与其他旗帜并排升挂,存在两种具体情况:第一种为一面国旗与另外一面其他旗帜并排,应以国旗自身面向为准,国旗位居右侧。第二种为一面国旗与另外多面其他旗帜并排时,必须使国旗居于中心的位置。

(3)高低排列　按惯例,当国旗与其他旗帜呈高低状态排列时,应当让国旗处于较高的位置。

2. 涉外排序

在涉外活动中,中国国旗与外国国旗的排序,一般分为双边排列与多边排列两种情况。

(1)双边排列　在中国境内举办活动,如果是中方主办,外国国旗应置于上首;如果是外方主办,那么中国国旗应置于上首。常用的有3种排列方式。

第一种,并列升挂。应以国旗自身面向为准,以右侧为上位。

第二种,交叉悬挂。仍应以国旗自身面向为准,以右侧为上位。中外两国国旗可以交叉摆放于桌面上或悬空交叉升挂

第三种,竖式悬挂。应以国旗自身面向为准,以右侧为上位。

(2)多边排列　在中国境内,当中国国旗与两个或两个以上其他国家的国旗并列升挂时,按规定应使中国国旗处于荣耀位置。以旗面面向观众为准,并排时,中国国旗位于最右边;单行排列时,中国国旗应处于最前面;弧形排列时,中国国旗应处于中心位置;圆形排列时,中国国旗应处于主席台(或主入口)对面的中心位置。

二、国徽

国徽由一定的形状、图案、尺寸、色彩组成,是代表国家的徽章,是国家和民族的象征之一。世界上大多数国家的国徽属于盾徽。

(一)了解国徽

国徽的内容为国旗、天安门、齿轮和麦稻穗,象征中国人民自“五四”运动以来的新民主主义革命斗争和工人阶级领导的以工农联盟为基础的人民民主专政的新中国的诞生。

1991年3月2日我国制定了《中华人民共和国国徽法》,于1991年10月1日起正式施行。

并先后进行过两次修订，第 2 次修订后的《中华人民共和国国徽法》于 2020 年 10 月 17 日正式发布。任何组织和公民都应尊重和爱护国徽，维护国徽的尊严，并正确使用国徽。同时，在国际交往中按照相互尊重的原则，还必须对交往对象所在国家的国徽表示同样的尊重。

(二)国徽的悬挂

1. 悬挂国徽的机构

《中华人民共和国国徽法》规定，悬挂中华人民共和国国徽的机构有：一是各级人民代表大会常务委员会；二是各级人民政府；三是中央军事委员会；四是各级监察委员会；五是各级人民法院和专门人民法院；六是各级人民检察院和专门人民检察院；七是外交部；八是国家驻外使馆、领馆和其他外交代表机构；九是中央人民政府驻香港特别行政区有关机构、中央人民政府驻澳门特别行政区有关机构。

国徽应当悬挂在机关正门上方正中处。

2. 悬挂国徽的场所

下列场所应悬挂国徽：一是北京天安门城楼、人民大会堂；二是县级以上各级人民代表大会及其常务委员会会议厅，乡、民族乡、镇的人民代表大会会场；三是各级人民法院和专门人民法院的审判庭；四是宪法宣誓场所；五是出入境口岸的适当场所。

(三)国徽的使用规定礼节

国徽是一个国家的象征和标志，每一位公民除了认真维护我国国徽，也要尊重交往国的国徽。具体要做到如下要求。

1. 不得随意滥用国徽

为维护国徽的崇高地位，各国对于国徽的使用都有严格的限制。根据《中华人民共和国国徽法》的规定，我国国徽及其图案不得用于下列 4 种情况：一是商标、授予专利权的外观设计、商业广告；二是日常用品、日常生活的陈设布置；三是私人庆吊活动；四是国务院办公厅规定不得使用国徽及其图案的其他场合。

为维护我国的国家主权，除外国驻华使馆及其他外交代表机构外，不允许任何外国组织或公民在中华人民共和国境内悬挂外国国徽或随便使用外国国徽的图案。

2. 不得侮辱国徽

为维护国徽尊严，要求不能有任何侮辱国徽的行为。依照我国有关法律的规定：在公众场合故意焚烧、毁损、涂划、玷污、践踏中华人民共和国国徽的，要依法追究其刑事责任；情节较轻的，参照治安管理处罚条例的处罚规定，由公安机关处以十五日以下拘留。在国际交往中，也应尊重外国国徽。侮辱外国国徽的行为，不仅会受到法律的制裁，而且还有可能引发国际性的争端，严重地损害国家之间的相互关系。

3. 爱护国徽

所有中国公民都应以实际行动自觉地爱护我国国徽。在谈及国徽及其图案时，要保持敬意；在悬挂、摆放国徽及其图案时，要小心谨慎；在使用国徽及其图案时，要保持其整洁完好；在加盖刻有国徽的图章时，要盖于指定位置，不得倾斜；对印有国徽图案的文书、出版物，不得撕毁、丢弃、乱涂、乱用；穿着带有国徽图案的服装时，必须令其干净整洁。在国际交往中，也应尊重外国国徽。

4. 遵守国徽惯例

在涉外交往中，涉及我国与交往对象国的国徽使用问题时，务必要遵守已形成的、具有普遍使用性的国际惯例，谨慎行事，切莫任意而为。

三、国歌

国歌是表现一个国家和民族的精神的歌曲。它同国旗、国徽一样也是一个国家的象征与标志，代表一个国家的地位和尊严，有着至高无上的、神圣不可侵犯的崇高的地位。

(一)了解国歌

我国国歌是于1949年9月27日中国人民政治协商会议第一届全体会上决定，以田汉作词、聂耳作曲的《义勇军进行曲》为代国歌。1978年3月5日，第五届全国人民代表大会第一次会议通过《义勇军进行曲》新词。1982年12月，第五届全国人民代表大会第五次会议通过关于中华人民共和国国歌的决议，撤销1978年3月5日全国人大会议通过的新词，恢复田汉作词、聂耳作曲的《义勇军进行曲》为中华人民共和国国歌。2017年9月1日，十二届全国人大常委会第二十九次会议表决通过《中华人民共和国国歌法》，于2017年10月1日起施行。

在对外交往中，应尽可能地了解对方国家的国歌，以便更为充分地、更符合礼仪地表达我们的善意友好之情。

(二)奏唱国歌

1. 国歌奏唱场合

各国对国歌的演奏或演唱都有规定，通常在一个主权国家的管辖范围内只允许演奏或演唱本国国歌。而且正式演奏或演唱国歌要在规定的场合，根据《中华人民共和国国歌法》规定，可以奏唱国歌的场合有全国人民代表大会会议和地方各级人民代表大会会议的开幕、闭幕；中国人民政治协商会议全国委员会会议和地方各级委员会会议的开幕、闭幕；各政党、各人民团体的各级代表大会；宪法宣誓仪式；升国旗仪式；各级机关举行或者组织的重大庆典、表彰、纪念仪式等；国家公祭仪式；重大外交活动；重大体育赛事及其他应当奏唱国歌的场合。

2. 国歌奏唱礼仪

我国《国歌法》规定："奏唱国歌时，在场人员应当肃立，举止庄重，不得有不尊重国歌的行为。"即当奏唱国歌时应起身肃立，神情庄重，注视前方；除穿着规定的制服必须戴帽子外，其他人皆应脱帽；摘下墨镜；自始至终跟唱，吐字清晰，节奏准确；其间不得有交谈、走动、鼓掌、接打电话等无关行为；国歌不能与其他歌曲紧接奏唱。若是接待国宾仪式或者国际性集会时，可以连奏有关国家国歌。在涉外活动中，要尊重对方的国歌。在他国领土上，应当遵守当地对于演奏或演唱国歌的有关规定，不可肆意而为。

学习实践

情景（一）

图 8-3-1　香港会展中心

图 8-3-2　2022 年北京冬奥村旗帜广场

看图回答问题。

实践要求：1. 请认真观察以上 2 幅图，思考这几幅图中悬挂国旗时使用了哪些方式？
2. 请从场合、排序、位置等角度进行分析。
3. 小组讨论，并派代表上台阐述观点。

情景（二）

组织学生进行一次升旗仪式。

实践要求：1. 按照规范流程举行升旗仪式：出旗、升旗 、唱国歌。
2. 注意升旗时的礼仪规范：衣着整洁、系好衣扣、裤扣，脱帽，面向旗杆方向立正站好，不得交谈、走动或做其他动作。
3. 升国旗奏国歌时，面对国旗行注目礼，直到国旗升至杆顶。

思考练习

1. 简答题

(1)在我国境内同时悬挂中国国旗和外国国旗时有哪几种规范化的排列法?

(2)使用国徽的规定礼节是什么?

(3)在奏唱国歌时,应遵守哪些礼仪?

2. 判断题

(1)悬挂双方国旗,以右为上左为下。(　　)

(2)两国国旗并挂以其自身面为准,左边的是本国国旗,右边的是客方国旗。(　　)

(3)不得挂破损、污损、褪色或者不合规格的国旗。(　　)

(4)国徽可以用于国家规定使用的印章、文书、出版物及专用服装。(　　)

(5)奏唱国歌时可以鼓掌击节。(　　)

任务四　情景模拟实践

一、实训目标

1. 学习和掌握了解涉外礼仪的规范和要求。
2. 掌握处理和运用涉外礼仪活动的基本技能。
3. 在实训活动中培养学生组织分工和团队协作能力。

二、场景设计

情景(一)

郑伟是广州白云商贸公司的总经理。2019年春天,公司得知有一家美国著名企业的董事长正在本市进行商务访问活动,并有意向寻求商务合作伙伴。作为商界人士,郑伟认为这是一次合作机会,于是请有关部门为双方进行引荐,牵线搭桥。

很快郑伟获悉,对方也有与白云商贸公司合作的兴趣,而且希望能尽快见面。为此双方进行了约见,会面前,郑伟总经理很重视对自己外在形象的修饰,他希望能够给对方留下认真对待的好印象。他根据自己对国际商务交往的理解来着装,穿了一套深色西服,内穿衬衣,打上与西服同色系图案的领带。

1. 请你帮助郑总经理选择一件合适颜色的衬衣来搭配他的西装。

2. 请男同学模拟美方商务代表，选择合适着装准备与郑总会面。

情景（二）

广州白云商贸公司与美国某企业经过接洽，双方具有了合作意向，约定合作双方的代表定个时间举行合作签约仪式，负责会议工作的广州白云公司陆副总经理在沟通中根据对方要求避开了 5 月 13 日周五，把时间订为 5 月 12 日星期四，于是向美国企业发送了会议邀请书，邀请其来我方进行签约事宜。一天后，白云公司收到了美国公司准时参加签约的回复，中方由郑总经理、陆副总经理、助理小于参加，美方将由克里斯、乔伊和温蒂，共三名人员参加签约仪式，其中温蒂是一位女士。

1. 请模拟双方会面前通过电话沟通签约时间、地点、参加人员等问题。
2. 请模拟合作双方见面后进行的握手、介绍和交谈。
3. 请模拟设计签约仪式的会议室布局，尤其注意双方国旗的摆放。

情景（三）

活动结束后双方到了西餐厅举行庆祝餐会，请设计安排宾主双方入座、点餐等环节，尤其体现尊重女士原则。请你设计一些在这样场合比较合适的交流语言。

三、实训步骤

1. 组建模拟演练小组：由教师将教学班按照 6 人左右分为若干模拟演练小组，每小组推选一名组长。

2. 确定演练主题：教师事先准备好不同的模拟场景，由组长抽签决定模拟主题和模拟顺序。

3. 设计模拟演练：各小组根据抽取的模拟主题设计情节内容，并形成文字，作为剧本。教师说明要求：故事情节合理，体现不同职业礼仪要求，每位同学都要担任一定角色，表演时间 5～10 分钟。

4. 模拟演练：

   第一，小组成员布置场景；

   第二，由组长说明模拟主题和模拟环节；

   第三，各位组员自我介绍及说明担任的角色；

   第四，进入情景模拟；

   第五，组长宣布结束，小组成员答谢。

   其他各组认真观看，记录。

5. 拍摄记录：由其他组负责拍摄记录，留存资料，便于教师点评。

6. 教师点评，根据评价表（表 8-4-1）给出小组成绩。

7. 每人同学撰写一份情景模拟演练的实训报告（表 8-4-2）。

四、效果评价

表 8-4-1 **情景模拟评价表**

序号	评价要点	分值	评价说明	得分
1	情节设计	10	情节合理，紧凑	
2	仪容	10	符合职业要求，女生化淡妆，男生仪表整洁卫生	
3	仪表	10	着装得体，职业装穿着规范	
4	仪态	10	坐立行走规范、动作熟练	
5	表情	10	表情自然，微笑和眼神的运用得当	
6	语言表达	10	清晰流畅，交流自然，用语文明、准确、恰当	
7	专业表现	10	体现一定的礼仪规范	
8	表演熟练程度	10	表演衔接顺畅	
9	团队合作	10	角色分配合理，配合默契	
10	整体评价	10	情景模拟整体效果	
总分				

表 8-4-2 **情景模拟演练实训报告**

班级		学号		姓名		成绩	
模拟演练主题							
实训目的							
实训背景							
实训要求							

续表 8-4-2

实训心得	
实训评价	（指导教师填写） 教师签名：

项目评价反馈

一、小组评价

序号	评价项目	评价情况
1	与其他同学口头交流学习内容是否流畅	☆ ☆ ☆ ☆ ☆
2	是否尊重他人	☆ ☆ ☆ ☆ ☆
3	学习态度是否积极主动	☆ ☆ ☆ ☆ ☆
4	是否服从教师的教学安排	☆ ☆ ☆ ☆ ☆
5	着装是否符合标准	☆ ☆ ☆ ☆ ☆
6	是否能保持学习环境的干净整洁	☆ ☆ ☆ ☆ ☆
7	是否遵守学习场所的规章制度	☆ ☆ ☆ ☆ ☆
8	是否有工作岗位的责任心	☆ ☆ ☆ ☆ ☆
9	是否达到全勤	☆ ☆ ☆ ☆ ☆
10	团队学习中主动与合作的情况如何	☆ ☆ ☆ ☆ ☆
11	能否主动参与教学场所的清洁和整理工作	☆ ☆ ☆ ☆ ☆

参与评价的同学签名＿＿＿＿＿＿＿＿＿＿＿＿＿＿＿＿

二、教师评价

1. 对实践操作的点评

2. 对学习过程的总体评价

教师签名

三、学生评价

1. 对教师授课效果的评价

2. 对学习效果的评价

学生签名

参考文献

[1] 向多佳.职业礼仪[M].成都:四川大学出版社,2010.

[2] 潘洁,郭宗娟.职业礼仪[M].北京:人民邮电出版社,2013.

[3] 赵琼.高校青年教师思想政治素质问题研究[D].中北大学,2016.

[4] 褚宏启.核心素养的概念与本质[J]. 华东师范大学学报:教育科学版, 2016(1):3.

[5] 核心素养研究课题组.中国学生发展核心素养[J].中国教育学刊,2016(10):1-3.

[6] 庞肖霞.高职院校课后作业设计与学生职业素养培养浅谈[J].现代企业教育,2014(24):376.

[7] 柳跃东,李建波.职业发展与就业指导[M].北京:冶金工业出版社,2014.

[8] 黄凯.关于在高职院校开展职业礼仪教育的思考[J].资治文摘,2017(6).

[9] 史峰.职业礼仪[M].北京:北京师范大学出版社,2019.

[10] 周敏.现代公务礼仪[M].杭州:浙江大学出版社,2007.

[11] 金正昆.礼仪金说:公务礼仪[M].北京:北京联合出版公司,2013.

[12] 黄曼青.现代商务礼仪[M]. 北京:中国人民大学出版社,2019.

[13] 胡安娟,黎燕萍,栗自顺. 现代礼仪[M]. 天津:天津大学出版社,2017.

[14] 苗俊霞,李男.航空服务礼仪[M]. 北京:首都经济贸易大学出版社,2018.

[15] 赵轶,常博.城市轨道交通服务礼仪[M]. 北京:中国石油大学出版社,2019.

[16] 杨琼,刘淑一.旅游服务礼仪[M]. 北京:北京邮电大学出版社, 2018.

[17] 黄文静,向梦知.礼仪服务[M]. 北京:中国财富出版社,2014.

[18] 张朝晖.礼仪规范教程[M]. 北京:高等教育出版社,2013.

[19] 史峰.商务礼仪[M]. 北京:高等教育出版社,2018.

[20] 徐汉文,张云河.商务礼仪[M]. 北京:高等教育出版社, 2018.

[21] 陆冰.导购中的成交技巧与拒绝处理[M]. 北京:民主与建设出版社,2018.

[22] 君淮.销售的细节[M]. 北京:华文出版社,2018.

[23] 王利荣.中餐服务[M]. 北京:清华大学出版社,2011.

[24] 河南省职业技术教育教学研究室.餐饮服务与管理[M].北京:高等教育出版社,2014.

[25] 王颖.医护礼仪与形体训练[M]. 北京:科学出版社,2019.

[26] 陈晓莉,阎团结.新时期统一战线中的同与异关系探析[J]. 中央社会主义学院学报,2012(4).

[27]《中华人民共和国国旗法》

[28]《中华人民共和国国徽法》

[29]《中华人民共和国国歌法》